COULEUR CHAMPAGNE

Catalogage avant publication de Bibliothèque et Archives Canada

Brouillet, Chrystine
Couleur champagne
Comprend des réf. bibliogr.
ISBN-13 : 978-2-89077-316-5
ISBN-10 : 2-89077-316-7
1. Champagne (Vin). 2. Cuisine. I. Revel, Guénaël, 1969- . II. Titre.
TP555.B76 2006 641.2'224 C2006-941818-7

Design : orangetango
Photos
© Philippe Renault : couverture avant (en haut), couverture arrière, p. 10, 11, 19, 50, 60, 73, 104, 115, 116, 117, 120, 149.
© CIVC : couverture avant (en bas), p. 7, 13, 17, 20-21, 24, 26, 29, 32-33, 39, 45 (sauf en haut au centre), 46-47, 51, 53, 63 (en haut à gauche et en bas à droite), 64, 67, 68 (en haut à droite, au centre à gauche et à droite, en bas à gauche), 74, 76-77, 80, 84, 88, 90, 94, 96-97, 98, 103, 107, 108-109, 110, 113, 150-151.
© Agence Tango : p. 9.
© Alfred Gratien : p. 27.
© Guénaël Revel : p. 35, 43, 45 (en haut au centre), 48, 63 (en bas à gauche), 68 (en haut à gauche et en bas à droite), 81, 101.
© Gosset : p. 36, 56.
© Moët & Chandon : p. 40.
© Roederer : p. 63 (en haut à droite), 68 (au centre).
© Philipponnat : p. 70.
© Ruinart : p. 87.

ISBN 2-89077-316-7 (978-2-89077-316-5)
Dépôt légal : 4e trimestre 2006

Imprimé au Canada

www.flammarion.qc.ca

guénaël revel

COULEUR CHAMPAGNE

chrystine brouillet

Flammarion
Québec

CHRYSTINE BROUILLET

Mon «premier» champagne était un délicieux Moët & Chandon, ouvert pour célébrer les 50 ans de mon père. Je n'ai jamais oublié le plaisir immédiat que ce nectar nous a procuré, les exclamations lorsque le bouchon a sauté, les rires, les regards émerveillés, le silence lorsque nous y avons goûté. J'avais l'impression de boire un suave trésor. Le champagne est depuis, pour moi, le symbole de la joie. Il en est de même pour Guénaël Revel, qui a connu ce vin bien avant moi puisqu'il est d'origine française. Quand nous avons découvert que nous partagions une vraie passion pour le champagne, il n'a suffi que de quelques jours pour décider de coucher sur papier tout le bonheur qu'il nous inspire, en souhaitant que l'image trop élitiste du champagne s'estompera. Certes, c'est un produit de luxe, mais la coutume l'associe trop souvent à d'autres produits alimentaires chers, alors que le champagne s'accommode parfaitement de mets modestes. Nous avons vérifié ce postulat sur place, à Reims et à Épernay, et nous sommes persuadés que le champagne convient à toutes les occasions, à toutes les fêtes. Succombons à son mystère, à sa délicatesse, à son infinie palette de goûts et d'arômes…

chrystine brouillet, l'épicurienne

GU
ÉN
AË
LR
EV
EL

Je ne me souviens pas à quel âge j'ai bu du champagne pour la première fois. Je me rappelle seulement que mon père en proposait tous les dimanches, et qu'il y avait toujours une bouteille au frais à la maison. Non pas parce que nous étions riches, mais parce que c'était comme ça. Mes parents considéraient qu'il devait y avoir en permanence une bouteille de champagne prête à être servie aux invités. J'avais droit à une gorgée. Ça piquait la langue et j'étais fier de faire comme les grands.

J'ai développé le goût de ce vin sans trop m'en rendre compte, comme tous les enfants qui retiennent spontanément des informations qui circulent autour d'eux. Avec le temps, cela devient un savoir. Durant mes études d'histoire, la passion s'est développée, car j'ai compris que l'histoire du champagne, c'est l'histoire de la Champagne, de ses hommes, de ses femmes et de leur terre, une terre particulière et exceptionnelle. Elle a engendré, selon moi, le meilleur vin du monde.

Nous avons écrit ce livre pour vous en convaincre et surtout pour gommer son image de vin élaboré pour une élite sociale ou des consommateurs snobs. Oui, il est plus onéreux que les autres. Son élaboration longue et complexe le justifie. Non, il ne faut pas être riche pour en déguster, mais curieux et passionné. Une bouteille de champagne n'est pas plus chère qu'un grand cru de Bordeaux ou de Bourgogne, qu'une place pour un concert rock ou qu'un billet pour un match de hockey. Et comme tous ces plaisirs de la vie, elle réserve à ceux qui la dégusteront toute une palette de sensations et d'émotions. Car le champagne n'est pas seulement du vin blanc avec des bulles, il présente de multiples facettes et différents caractères. Les découvrir, c'est «tomber en amour» avec lui.

Un autre constat nous a incités, Chrystine et moi, à rédiger ce livre : la rareté du champagne proposé au verre en restauration au Québec. Nous sommes persuadés que, si le client avait l'occasion – abordable – de s'offrir un verre de champagne à table, sa curiosité et son engouement pour ce vin grandiraient. Le restaurateur augmenterait ses ventes et les tarifs au verre diminueraient pour devenir encourageants. J'espère que ces pages contribueront à cette évolution. N'hésitez pas à les parcourir, un verre de champagne à la main!

guénaël revel, le sommelier

PREMIERS PAS

J'avais 14 ans et j'étais amoureuse d'Arsène Lupin, si romantique, si chic, si spirituel. J'enviais par-dessus tout Aurélie, la demoiselle aux yeux verts à qui mon héros offrait une coupe de champagne. Je n'en avais jamais bu, mais le sourire qu'avait l'heureuse élue en trempant ses lèvres dans le divin nectar était éloquent : le champagne remplissait toutes ses promesses de bonheur. Il était l'ami fidèle d'Arsène Lupin, qui faisait sauter – trop bruyamment peut-être – un bouchon au retour d'une aventure riche en rebondissements, récompense pour avoir confondu les traîtres ou vaincu la comtesse de Cagliostro. Si j'admirais sans réserve le gentleman de cambrioler les nantis qui s'étaient enrichis au détriment d'innocentes victimes, je ne réfléchissais pas, à l'époque, au fait que Lupin devait garder une bonne partie des fortunes détournées pour assouvir ses penchants pour le vin champenois; le champagne symbolisait le luxe en ce début du XXe siècle comme aujourd'hui. Je ne me rappelle plus quel champagne l'auteur Maurice Leblanc réservait à Lupin; un Veuve Clicquot ne devait pas déplaire à un homme qui aimait tant les femmes. Il savait que leurs yeux brillent d'une lumière particulière quand elles admirent les bulles qui tourbillonnent au cœur d'une flûte. Ces bulles mystérieuses qui font tant jaser depuis si longtemps.

Est-ce que ces perles de cristal valent vraiment le prix qu'on doit débourser pour les sentir pétiller sur la langue, tapisser doucement notre palais ? Je réponds oui, bien sûr. Je ne peux satisfaire mon péché mignon aussi souvent que je le souhaiterais, mais après avoir commencé à me documenter sur ce vin si particulier, il est évident qu'il ne saurait en être autrement, car créer un champagne exige des soins très précis. Certaines étapes doivent être respectées et chacune est périlleuse à sa manière. Ce vin a même

causé des blessures aux maîtres assembleurs qui cherchaient à dompter son effervescence, à trouver le bouchon qui résisterait à la pression contenue dans une bouteille. Il y a eu bien du champagne gâché avant qu'on utilise le muselet, et je ne pense pas sans regret à toutes ces pertes qui avaient au moins l'excuse de servir l'œnologie et la gourmandise, alors que je peste quand je vois des jéroboams débouchés pour arroser le gagnant d'un Grand Prix de Formule 1 ou les vainqueurs d'un match de hockey. Sans parler du gaspillage des bouteilles fracassées contre la proue des navires. J'espère que cette coutume est tombée en désuétude; elle ne rassure même pas les voyageurs, car la légende prétend qu'une bouteille qui refuse d'éclater contre la coque d'un paquebot indique une mauvaise traversée. C'est ainsi qu'a sombré le *Titanic*…

Cette défaillance dans la joie est exceptionnelle : le champagne est associé au plaisir, au succès et à la gloire depuis que Charlemagne s'est fait sacrer empereur à Reims en l'an 800. Il faudra attendre près d'un millénaire avant que dom Pérignon et le frère Oudart révolutionnent la Champagne avec leurs innovations. Si le vin qu'on buvait au Grand Siècle était très différent de celui qu'on déguste aujourd'hui, il était tout de même le préféré de Louis XIV, qui en voulut sûrement à son médecin de le lui interdire pour des raisons de santé, ne l'autorisant à boire que du bourgogne. Je suis persuadée que le Roi Soleil, à qui on ne parvenait à imposer que peu de choses, a certainement désobéi plusieurs fois à Fagon. Comment renoncer au champagne quand on a humé ses parfums d'agrumes, de noisette, de brioche, d'aubépine ou d'amande fraîche, quand on a goûté la caresse des bulles, la vivacité tonique, la délicatesse ou la puissance de ce vin unique?

Le champagne est énigmatique, et sans vouloir détruire le charme qui naît du mystère, nous avons tenté, Guénaël et moi, d'explorer les multiples facettes de ce vin. Si j'ai toujours aimé le champagne, ce n'est que récemment que j'ai cherché à le comprendre pour mieux l'apprécier, et cet ouvrage est le fruit d'une initiation au fameux élixir. J'ai des regrets d'avoir vécu 12 ans à Paris sans m'intéresser davantage aux crus que je pouvais si aisément goûter, puisqu'il est très facile de se faire servir un verre de champagne dans les bistrots de la capitale. À l'époque, je distinguais à peine les extra bruts des demi-secs, le champagne se résumant alors à son effervescence. Le réel bonheur que j'ai à découvrir aujourd'hui la complexité de ce vin se renouvelle à chacune des dégustations qui ne sont pas, hélas, hebdomadaires, mais plus fréquentes qu'auparavant. Il suffit de former un groupe d'amis qui apprécient le champagne pour s'offrir une bouteille à l'apéro et comparer les perceptions qui seront aussi variées qu'il y aura de goûteurs. C'est la grâce du champagne et de tous les vins – on y vient avec son cœur et ce qu'on y trouve fait souvent écho à nos désirs, nos émotions, nos préférences. J'ai eu tort, trop longtemps, de craindre de paraître ridicule en énonçant ce que je détectais dans un champagne, alors qu'il faut au contraire partager nos impressions, même si elles nous paraissent étranges, car elles peuvent ouvrir des pistes, amener notre voisin à déceler tel arôme par association d'idées et à nous en faire part. Je me plais ainsi à fermer les yeux pour m'imprégner de l'effet satiné et du souvenir de pomme verte et de pain grillé d'un Charles Heidsieck.

Oui, le pain grillé. Et parfois le pain frais. Ou la galette. Et la menthe. Le chèvrefeuille. Toutes ces odeurs familières qu'on peut évoquer en buvant du champagne me reviennent plus facilement à l'esprit depuis que j'ai pris l'habitude de flairer, comme le font mes chattes, les aliments que je consomme. Je sens, je tâte, je goûte la brioche pour m'approprier de son arôme afin qu'elle me devienne plus intime, qu'elle fasse partie de ma mémoire. Je jongle avec les noisettes et les amandes, je joue avec les figues et les raisins secs. Ce sont mes exercices, mes gammes pour m'accoutumer au champagne. J'ai cessé de couper distraitement un pamplemousse ou une poire, de hacher des herbes ou de mettre une goutte de fleur d'oranger dans mon thé sans songer que ces parfums existent dans certains champagnes et que je m'amuserai à les reconnaître sous les bulles. Apprendre à apprécier le champagne est un acte ludique où toutes les questions sont permises.

tian aux légumes du restaurant Leméac, p. 132

À commencer par les plus simples : quelle est la différence entre les champagnes bruts et demi-secs? Avec quel mets puis-je accorder celui que j'ai choisi? En tant que gourmande, il ne saurait être question d'apprivoiser un champagne sans l'accompagner d'un mets. Et pas nécessairement du caviar, classique et délicieux, certes, mais pas à la portée de ma bourse… Je me trompais en croyant que le champagne exigeait une cuisine onéreuse, sophistiquée, rare : les accords mets-vins sont infinis et on peut boire du champagne en mangeant de la charcuterie ou de l'agneau, des sushis ou du poulet en cocotte. Les recettes que nous vous proposons, modestes ou plus complexes, ont toutes été testées avec un esprit de sacrifice qui nous honore, il va sans dire… C'est maintenant votre tour d'essayer les rillettes de truite (p. 124) ou le soufflé au Valbert (p. 144), les ris de veau croustillants façon Rossini (p. 138) ou le boudin et ses petits choux farcis (p. 137), le navarin (p. 140), les cailles aux cerises (p. 140), de jouir de leur mariage avec le champagne et de redécouvrir la grâce d'un Lanson, d'un Ruinart ou d'un Laurent-Perrier.

Afin de mieux apprécier ces champagnes que nous devions déguster sur place, j'ai cru bon d'exercer mon palais à frémir de plaisir avec les champagnes offerts au Québec. J'en ai bu chez moi en écoutant les conseils de Guénaël et nous en avons également goûté dans plusieurs restaurants dont certains – qu'ils en soient remerciés ! – ont la bonne idée d'offrir le champagne au verre. C'est le cas du restaurant Leméac, à Montréal, où il est toujours agréable de s'attabler. Le côté bistrot n'empêche pas une cuisine sérieuse, des plats du jour inventifs, le tout dans une charmante atmosphère de détente. Sans oublier une carte des vins qui se renouvelle constamment. Nous y avons bu du Pommery, refusant la flûte habituelle pour lui préférer le verre…

Nous avons testé le tian aux légumes qui s'harmonisait avec le vin choisi, ainsi que les rillettes, onctueuses à souhait, fines et très peu salées, qui illustrent bien l'idée d'un accord possible avec un mets tout simple. Les toasts qui accompagnaient les rillettes répondaient au goût de pain du champagne. J'ai même songé à la galette des rois pour le beurre qui se mêle très délicatement au sucre. Le champagne fleurait bon le panier de pommes – des rouges, des charnues – et les bulles qui ont témoigné d'une belle dispersion dans un premier temps conservaient longtemps leur effervescence. Une première dégustation qui fut suivie de plusieurs autres, dont celles des maisons de champagne que nous ne pouvions visiter au cours de notre séjour en France, mais qui ne peuvent être oubliées dans cet ouvrage. En effet, il ne saurait être question d'omettre ici l'illustre Krug, le Veuve Clicquot, le Mumm, le Perrier-Jouët, le Bruno Paillard, le Deutz, le Bollinger, le Salon, le Taittinger, le Nicolas Feuillatte, etc. : chacun de ces champagnes a été goûté dans l'esprit d'un accord mets-vin afin de vous proposer des plats simples à réaliser pour le champagne sur lequel se portera votre choix.

analyse olfactive
de la cuvée
Belle Époque

ET LE VIN DE LA CHAMPAGNE DEVINT LE CHAMPAGNE

Le champagne que nous connaissons aujourd'hui n'est pas celui qu'on pouvait boire avant le XVIIIe siècle. Il ne portait d'ailleurs même pas ce nom, puisque les vins qu'offrait cette région du nord de la France étaient identifiés par le nom des villages d'où ils étaient issus. On parlait des vins d'Aÿ, d'Ambonnay, de Vertus, et «de la Rivière» ou «de la Montagne» lorsqu'ils provenaient de cette région jalonnée de cours d'eau, aux horizons quelque peu vallonnés. Ce sont en l'occurrence ces villages qui donneront naissance à quelques-uns des 17 grands crus de la Champagne, deux siècles plus tard.

Le champagne d'alors était tranquille, il ne «bouillonnait» pas encore. Si le champagne d'aujourd'hui est effervescent, c'est parce qu'on a su développer des techniques de vinification particulières qui s'illustrent par des étapes que l'on doit scrupuleusement franchir. Celles-ci n'ont pas été instaurées subitement. Elles se sont esquissées progressivement avec l'amélioration de l'œnologie, et il a fallu attendre le XXe siècle pour qu'elles deviennent officielles et obligatoires. Je les explique précisément au fil des chapitres de ce livre et des découvertes de Chrystine Brouillet.

Après la vendange, on procède au pressurage, puis au débourbage. La fermentation alcoolique précède la fermentation malolactique (parfois évitée), et l'on élabore enfin la cuvée. Ce sont les étapes suivantes qui distinguent le champagne de tous les autres vins, car on effectue une seconde fermentation qu'on nomme justement la champagnisation. Elle s'illustre par ce qu'on appelle le tirage, la prise de mousse et l'entreillage. La dernière phase est celle du vieillissement du vin, qui voit le remuage, le dégorgement, le dosage, le bouchonnage et l'habillage.

Les premiers «bouillons» officiels apparaissent en Champagne à la toute fin du XVIIe siècle. Les hommes de la vigne, depuis la Rome antique, ont déjà une vague idée de la pétillance du vin mais, comme elle est accidentelle, on préfère en négliger les causes et en tolérer les effets, car elle est considérée comme un défaut de fabrication. Très loin de Reims, près de Limoux, dans les Pyrénées, les moines bénédictins de l'abbaye de Saint-Hilaire semblent certes contrôler la formation d'une mousse dans leur vin depuis le règne d'Henri II, mais les rares bouteilles d'alors, fragiles et difformes, éclatent facilement et n'aident pas la réputation de ce vin.

Le renforcement du verre au cours de sa fonte et l'usage systématique du liège pour boucher un contenant vont bouleverser l'industrie de tous les vins.

En chauffant le verre au charbon et en le renforçant au fer et au manganèse, les Britanniques créent des bouteilles noires et disgracieuses, mais lourdes et plus solides que celle des cristalleries italiennes ou françaises. Quant à l'utilisation du liège pour boucher leur col, on la doit aux nombreux échanges d'idées et d'observations qu'ont eus les moines du nord avec ceux du sud de l'Europe. En transportant dans leurs bagages des cônes de liège servant à boucher les bouteilles

première bouteille
de champagne

d'huile ou les vessies d'eau, les moines espagnols et portugais offrirent à leurs frères vignerons la solution pour une imperméabilité plus fiable qu'avec une goupille de bois enveloppée de chanvre. Pierre dom Pérignon, moine cellérier de l'abbaye d'Hautvillers dut sans doute s'en inspirer.

Grâce à ces deux matières domptées, le verre et le liège, l'effervescence dans le vin, en ce début de Siècle des Lumières, est acceptée. La bouteille devient à ce moment-là un contenant pratique et elle se démocratise dans l'univers du négoce du vin. Elle favorise le service du vin à table et elle empêche son oxydation rapide. On continuera pendant deux siècles à commercialiser le vin traditionnel en tonneau mais, à table, il sera présenté en bouteille. Cette nouvelle reine et sa couronne de liège ne seront cependant tout à fait fiables pour le vin mousseux de Champagne qu'après des décennies de recherches.

Si les archives essentiellement monastiques de la fin du XVIIe siècle rapportent le comportement du vin dans les cuves ou dans les rares bouteilles, on peut penser que des moines cellériers de tous les ordres avaient déjà observé ce phénomène de «pétulance» depuis longtemps. Mais, ne pouvant l'expliquer concrètement, il était plus simple pour eux de l'interpréter comme l'œuvre du diable. Il y eut donc peut-être des bouillons officieux, non rapportés par les copistes. Nous savons que, guidés par leur foi, les moines qui avaient la charge de la vinification essayaient davantage de prévenir et de contrer ces bulles, que de les contrôler. Dom Pérignon et le frère Oudart, tous deux de la même famille bénédictine, sont sans doute les précurseurs de bien des étapes dans l'élaboration du champagne. Si l'on se réfère au frère Pierre, successeur du premier à l'abbaye d'Hautvillers, la sélection des cépages, le tri, l'assemblage méticuleux et l'utilisation systématique du bouchon de liège et des bouteilles anglaises sont l'œuvre du célèbre dom Pérignon. Quant au frère Oudart, son contemporain et cadet, il a consacré plus de 30 années à l'œnologie. Méconnu, les circonstances particulières qui ont entouré ses obsèques nous autorisent pourtant à penser que ses travaux, non consignés, volés ou perdus, durent être considérables et admirés, notamment en ce qui concerne la prise de mousse

dans l'élaboration du champagne. Il serait l'un de ceux de sa communauté à avoir tenté de contrôler l'effervescence, donc à l'avoir appréciée, plutôt que d'essayer de l'enrayer.

Toujours est-il que, si le vin se remet à bouillonner dans les cuves, au printemps qui suit la vendange, à cause de la température plus clémente après l'hiver et surtout à cause de levures indigènes dans les chais, ce gaz inconnu se disperse rapidement au contact de l'oxygène et le vin peut être vendu. Cependant, lorsque le vin a déjà été vendu en tonneau et que c'est l'acheteur qui l'a fait mettre en bouteille au cours de l'hiver – c'était la pratique autrefois –, au printemps rayonnant, les bouillons exercent une pression sur la paroi du verre, qui éclate.

Il faut savoir enfin qu'on ajoutait du sucre dans les vins avant l'embouteillage. Il est donc facile d'imaginer qu'avec les levures anaérobiques gourmandes qui s'insinuaient au travers d'un goulot encore médiocrement scellé par un bouchon de liège vaguement maintenu, une bouteille devenait, soit un vrai canon, soit une véritable bombe! Les archives sur les tavernes londoniennes ou les maisons champenoises recèlent d'histoires tragiques à ce sujet.

Jusque dans les années 1920, le champagne sera doux, bien plus doux que la majorité de la production d'aujourd'hui. Les six catégories de champagne actuelles sont en quelque sorte les héritières de l'évolution du goût pour le sucre.

De nos jours, on consomme généralement du champagne brut, dans lequel le sucre est présent mais imperceptible à nos papilles. Nous le verrons, le goût du champagne a considérablement évolué au XXe siècle, ainsi que la forme du verre qu'on emploie pour déguster ce vin. De l'ancienne coupe large et peu profonde que nos grand-mères affectionnaient à la flûte longue et étroite qui agrémentait les mondanités des dernières décennies, on s'accorde en ce début de troisième millénaire à préférer un verre tulipe, aussi haut que la flûte traditionnelle mais au gobelet plus large. La dégustation est plus facile, elle garde son élégance et, surtout, les arômes et les bulles peuvent être appréciés à leur juste valeur. Ces dernières restent dans le verre au lieu de monter rapidement et de s'échapper, et les premiers peuvent séduire plus longtemps le dégustateur.

★

LES CATÉGORIES DE CHAMPAGNES ET LEUR TENEUR EN SUCRE

CHAMPAGNE EXTRA BRUT
entre 0 et 6 g/l

CHAMPAGNE BRUT
inférieur à 15 g/l

CHAMPAGNE EXTRA DRY
entre 12 et 20 g/l

CHAMPAGNE SEC
entre 17 et 35 g/l

CHAMPAGNE DEMI-SEC
entre 33 et 50 g/l

CHAMPAGNE DOUX
supérieur à 50 g/l

Lorsqu'un champagne a moins de 3 g de sucre, on peut utiliser les mentions «brut nature», «pas dosé» ou «dosage zéro».

LE VOYAGE

Premier verre de champagne avant même d'atterrir de l'autre côté de l'Atlantique, sur le vol d'Air France… On offre le Billecart-Salmon Brut Blanc de Blancs 1998 en première classe, le champagne Deutz en classe affaires – mon préféré, soyeux, à l'arôme de raisin sec et de tilleul – et le Brut Mosaïque de chez Jacquart en classe tempo. Eh oui, même en économique, Air France a la gentillesse d'offrir du champagne, saisissant bien qu'il est un emblème de la France au même titre que la tour Eiffel, la baguette ou le bordeaux. Dès l'envolée, je regarde les bulles qui se bousculent dans mon verre en me demandant si les maisons qui approvisionnent Air France sont situées à Épernay ou à Reims, vers la montagne ou la colline, près de la Marne ou sur les coteaux pentus. Tout me paraît si charmant sur les photos des bouquins ou des magazines sur la Champagne.

Tout est différent quand nous y arrivons. C'est moins «carte postale». Beaucoup plus émouvant. Moins coquet. Plus vrai. C'est le test idéal pour vérifier l'état d'esprit qui règne entre deux voyageurs. Le conducteur acceptera-t-il de s'arrêter pour demander sa route? Car même si tout est bien indiqué – les directions comme tous les noms des maisons de champagne –, il faut savoir qu'il y a autant de ronds-points que de grands crus dans la région! Je me réjouis de voyager avec Guénaël, qui a passé son enfance dans les environs, où une bonne carte routière est indispensable. Tout comme une vitesse de croisière raisonnable; les villages se succèdent si rapidement qu'on peut passer devant Verzy, Dormans ou Ambonnay sans s'en apercevoir. Il faut rouler doucement, comme on fait rouler le champagne contre le palais. La rondeur est là, dans les boules de gui qui parasitent joliment les arbres, dans les touffes de mousse gris doux qui s'accrochent aux buissons qui bordent les routes, dans la lettre C du mot champagne qu'on voit sur tant de panneaux-réclames. Dans celle du chardonnay. Sans oublier la présence du pinot noir, des vignes qui s'étendent jusqu'à un coteau, jusqu'à la route, jusqu'en haut, jusqu'en bas, jusqu'à l'ouest, jusqu'à l'est, jusqu'à l'infini.

Partout, la vigne. Qui tente de gagner du terrain, gourmande, vorace et contenue, qui doit s'arrêter aux villages, au bord des rues, sous les très jolis lampadaires. Depuis les fenêtres des maisons bien entretenues, modestes ou bourgeoises aux toits pointus, pavillons cossus ou domaines, on doit sentir le parfum de la fleur de vigne qui se mêle à celui des arbres fruitiers, des chênes, des marronniers ou des ormes qui se dressent parfois au beau milieu d'un chemin pour trouer un ciel trop bas ou faire mentir un paysage trop plat. Ils se dressent en solitaire ou en rangées, comme ces soldats auxquels on ne peut s'empêcher de penser. On comprend pourquoi cette campagne plane a séduit tous les généraux, de la Rome antique à la Deuxième Guerre mondiale, passage idéal pour aller envahir l'ennemi, quel qu'il soit. Ce n'est pas la montagne de Reims ou les modestes coteaux qui pouvaient retarder des fantassins aguerris, décidés à conquérir le territoire ennemi. La Champagne a été meurtrie si souvent que le sublime sourire de l'ange de la cathédrale de Reims, doux et courageux, n'a pu apaiser les chagrins et les angoisses des habitants qui ont entendu les sirènes, les tirs d'artillerie, le fracas des bombes, le claquement des bottes de Ribbentrop martelant les cours des maisons qu'il allait piller.

Mais envers et contre tout, et tous, le son le plus fameux de la Champagne reste celui du bouchon qui saute et le soupir délicat qui s'exhale d'une bouteille. Sa fumée si éphémère évoque le génie qui s'échappe d'une bouteille, promesse de surprises ensorcelantes. Et promesse tenue! Impossible de ne pas trouver son bonheur ici, qu'on aime un champagne frais et vif, ou charnu, élégant, léger, charpenté, qu'il évoque la caresse d'un chaton ou la subtilité d'une amande, la plénitude d'une pêche mûre ou la joyeuse impertinence du citron. Le champagne est multiple et mystérieux sans être réservé aux initiés. Au contraire, on accueille le visiteur avec gentillesse dans toutes ces maisons où les verres tulipes attendent d'être remplis à moitié pour être dégustés. Et nous séduire… Car le champagne est un charmeur, un enjôleur qui fait sourire en nous chatouillant le palais pour mieux couler dans notre gorge et toucher notre âme.

Je suis une proie rêvée pour ce démon tentateur auquel je n'ai nulle envie de résister, et j'y succombe dès que nous parcourons l'Allée du Champagne à Épernay, dès que je lis ces noms mythiques qui doivent entretenir leur légende en s'adressant au monde entier.

Les Britanniques sont depuis longtemps «champagnophiles». Ce sont les Anglais qui contrôlaient la ville de Reims quand Jeanne d'Arc vint la libérer, et s'ils ont quitté la région après le martyre de la sainte, ils ont continué à se passionner pour le vin qu'on y élaborait. À l'époque où on décriait le champagne en France, il remportait un beau succès de l'autre côté de la Manche grâce au marquis de Saint-Évremond, exilé à Londres en 1662. L'homme lança à la cour de Charles II la mode des vins champenois, à laquelle adhérèrent le comte d'Arlington et le duc de Buckingham. Il est amusant de songer que les découvreurs Radisson et Des Groseilliers, qui tentaient alors d'intéresser la cour anglaise à leur expédition à la baie d'Hudson, ont peut-être goûté au vin mousseux. Lord Byron, 150 ans plus tard, louait le champagne dans son *Don Juan* et Winston Churchill ne se déplaçait jamais sans s'assurer d'être approvisionné en Pol Roger. L'homme au cigare éprouvait une affection particulière pour cette maison, qui lui rend toujours hommage aujourd'hui.

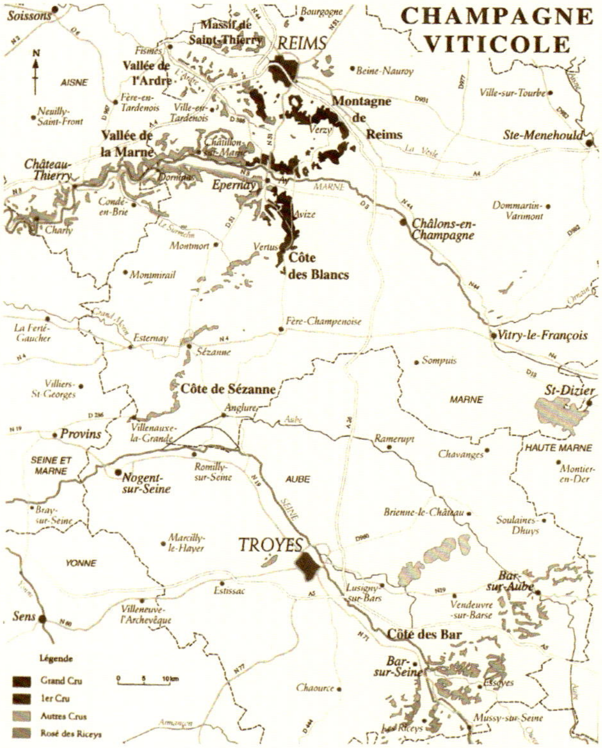

LES CÉPAGES DU CHAMPAGNE

Évidemment, le goût du champagne a considérablement changé depuis Louis XIV. L'adjonction de sucre alors systématique orientait les saveurs du vin, tandis que les cépages utilisés en déterminaient la base aromatique et le comportement. Les vignerons avaient accès à plusieurs dizaines de variétés de raisin, dont certaines sont, aujourd'hui encore, autorisées et exploitées en Champagne. Toutes les recherches et expériences amorcées par les moines vont permettre une sélection des meilleures.

Un triumvirat s'imposera à partir du XXe siècle. Pinot meunier, pinot noir et chardonnay éclipseront progressivement d'autres cépages comme l'arbanne, le petit meslier, le pinot blanc et ses variétés (petit blanc, blanc doré, gros blanc, épinette, beaunois, arboisier), l'enfumé, le gouais noir, le morillon, le gamay, le chasselas rouge ou le teinturier. Le pinot meunier, qui évolue rapidement, confère le bouquet et la rondeur. Le pinot noir apporte des arômes de fruits rouges, il donne du corps et de la puissance au vin. Le chardonnay représente la finesse, il offre la minéralité, des arômes floraux et l'aptitude au vieillissement lent.

Il faut tout de même noter la redécouverte, pour ne pas dire la réhabilitation, depuis quelque temps, de cépages d'autrefois qui offrent des champagnes aussi particuliers qu'intéressants. Grâce à une meilleure connaissance des paramètres de l'élaboration du champagne, depuis la conduite de la vigne jusqu'à la vinification, certaines maisons emploient l'arbanne et le petit meslier presque exclusivement (Champagne Jean Aubry).

LE TERROIR CHAMPENOIS

Cette sélection progressive de trois cépages est évidemment liée directement au terroir champenois, c'est-à-dire à la combinaison d'un climat particulier et d'un sol unique. La Champagne est à la limite septentrionale de la culture de la vigne; sa température moyenne annuelle est de 10 °C. Or, la vigne ne peut survivre sous cette température. Les zones champenoises où l'on a décidé d'exploiter la vigne sont donc les plus exposées au soleil. Un double climat, à la fois océanique et continental, distingue aussi la Champagne des autres régions viticultrices. L'influence océanique apporte régulièrement et suffisamment d'eau, mais l'influence continentale engendre des gelées destructrices. Les contrastes thermiques y sont peu élevés d'une saison à l'autre, l'insolation moyenne étant à peine de 1650 heures par an ! À titre comparatif, le bordelais dépasse les 2000 heures. L'autre distinction du terroir champenois est son sous-sol unique au monde. Il me faut ici entrer dans certains détails pour expliquer pourquoi il est le facteur essentiel du goût du champagne.

Il y a 20 millions d'années, le bassin parisien s'est affaissé, laissant apparaître de nombreux types de roches, issus de plusieurs couches de sédiments qui, au cours de l'ère secondaire, étaient recouvertes par les océans. L'eau se retirant, divers types de sols sont apparus et, dans la zone actuelle de la Champagne, le calcaire, la marne et surtout la craie ont prédominé. Cette craie est constituée de granules de calcite issus de squelettes de micro-organismes marins, des mollusques de l'ère secondaire qu'on appelle bélemnites, évidemment fossilisés. Cette fameuse craie à bélemnite a la particularité d'être très poreuse et de former ainsi un réservoir d'eau fournissant aux plantes une alimentation garantie, même au cours de périodes chaudes et sèches. Avec l'équilibre qu'apportent les variétés de calcaire et de marne qui, elles, sont pour la vigne des réserves en éléments nutritifs, on obtient le goût spécifique du champagne.

C'est une combinaison étudiée de ce sous-sol et du relief en surface avec notre triumvirat de cépages qui a engendré le succès de ce vin. Le chardonnay, le pinot meunier et le pinot noir ont été plantés scrupuleusement dans des secteurs permettant leur plein épanouissement. C'est ainsi qu'on parle de la Vallée de la Marne, de la Montagne de Reims, de la Côte des Blancs, de la Côte de Sézanne et de la Côte des Bar pour situer clairement le vignoble de Champagne. Au cœur de ces sous-régions, la géologie particulière des vallées et des massifs a orienté encore plus précisément le choix des plantations.

Comme le mentionne le Comité interprofessionnel du vin de Champagne (CIVC),

«L'aire de production de la vigne est rigoureusement définie; elle résulte de la loi du 22 juillet 1927. Elle représente environ 3% des superficies consacrées en France à la viticulture.

La Montagne de Reims est un large plateau, à faible relief, qui s'incline lentement à l'approche des vallées de la Vesle et de l'Ardre au nord, et de la Marne au sud. La vigne couvre abondamment les flancs de ce plateau.

La Vallée de la Marne s'étend sur une centaine de kilomètres depuis Saâcy-sur-Marne dans le département de la Seine-et-Marne, jusqu'à Tours-sur-Marne au-delà d'Épernay. La vigne s'étale sur les coteaux qui descendent en pentes plus ou moins douces jusqu'au bord de la rivière, ainsi que dans de pittoresques vallons bordant de part et d'autre la vallée.

La Côte des Blancs, ainsi appelée parce qu'elle produit presque exclusivement des raisins blancs, est une falaise perpendiculaire à la Montagne de Reims et placée au sud d'Épernay. Au sud du département de la Marne, la vigne est visible par intermittence au nord et au sud de Sézanne. Dans la région de Vitry-le-François, les surfaces plantées restent limitées à quelques communes.

La Côte des Bar prolonge au sud le secteur vinicole. En dehors de Villenauxe-la-Grande, continuation de la partie méridionale du vignoble marnais, et de Montgueux, à proximité immédiate de Troyes, qui ne possèdent que quelques dizaines d'hectares, les vignes sont groupées autour de Bar-sur-Seine et de Bar-sur-Aube. À l'est de cette dernière ville, le département de la Haute-Marne peut revendiquer l'existence de quelques dizaines d'hectares de vignes.»

La Côte des Blancs, la Côte de Sézanne et Vitry-le-François, qui sont exposés à l'est, reposent sur la craie affleurante et sont essentiellement plantés de chardonnay. La Montagne de Reims, qui est exposée au sud et dont la craie est plus enfouie, est plantée de pinot noir. Les secteurs à tendance marneuse, argileuse ou sableuse comme la Vallée de la Marne, le Massif de Saint-Thierry, la Vallée de l'Ardre ou la Montagne Ouest, dont les expositions varient, sont surtout plantés de pinot meunier. Enfin, le sous-sol de marne de la Côte des Bar prédispose à la culture du pinot noir.

au bistrot
Le Verre de l'Ange,
à Reims

attaque
d'étourneaux
sur le vignoble

E N

H A

C M

P A GN E

Oger
Les d'hymens
1823
Oger
Les glouettes
1824
Oger
Fondy
1824
Oger
Les Glouettes
1823
Mesnil
Varnault
1824

vieux fûts de
vins de réserve

Il existe en effet une Cuvée Sir Winston Churchill, et j'ose baptiser du même nom le salon où nous reçoit Christian Pol-Roger. Après plusieurs heures de vol, des kilomètres sous la pluie, il est agréable de se retrouver dans cette pièce paisible aux murs vert feuille et aux fauteuils de velours vermillon, où un buste du premier ministre anglais indique clairement l'attachement de la maison au grand homme.

«Lady Diana Cooper était amie d'Odette Pol-Roger, nous confie notre hôte, et elle était l'épouse de l'homme de confiance de Winston Churchill. Il a goûté, aimé notre champagne et lui est resté fidèle. Il prétendait qu'il stimulait l'esprit sans dégrader l'intelligence.»

Je le crois volontiers en écoutant le maître des lieux qui raconte l'histoire de la maison avec l'esprit français mâtiné d'humour anglais. L'homme aux yeux d'un bleu intense est l'image parfaite du gentleman, affabilité et mesure. Le fondateur de la maison, sise à Épernay depuis 1849, était fils de notaire. Tenait-il de son père un goût pour la précision, les choses bien établies? Christian Pol-Roger, qui a un talent d'orateur, aurait pu être avocat, mais il a préféré se consacrer à cette maison, à en être l'ambassadeur. Il estime que son rôle est de communiquer une émotion, comme le font les acteurs au théâtre; de partager le privilège qu'il a de servir une telle maison, à la fois familiale et internationalement connue. «Le champagne est plus qu'un vin, c'est un art de vivre qui s'étend à des domaines insoupçonnables.»

C'est une mosaïque de sensations, de goûts où prime la sensibilité. Une sensibilité parfois très émouvante : une marchande de fleurs, en Australie, particulièrement douée pour la confection des bouquets de mariage, avait droit à une coupe à chaque célébration. Elle développa un tel engouement pour le champagne qu'elle finit par créer les bouquets non plus pour le salaire mais pour le verre qu'on lui servait à ces occasions. Elle apprit à comparer les champagnes, lut, s'informa, affina si bien ses connaissances qu'elle devint une sommité dans le domaine, connue en Australie sous le nom de «Madame Champagne».

Champagne exclusivement français, est-il besoin de le rappeler, et dont les bouteilles, chez Pol Roger, sont exportées «habillées» depuis la fin du XIXe siècle. «C'est un ami de la famille, établi en Angleterre, qui a convaincu notre aïeul

vieux champagnes
non dégorgés

de faire de son champagne une marque, d'inscrire son nom sur les bouteilles. » Elles s'ornent aujourd'hui de deux calligraphies, à l'anglaise sur l'étiquette apposée sur le corps et manuaire le long du goulot. Celle-ci rappelle les affiches si joyeuses, si Art nouveau, conçues dans des temps heureux, juste avant la Première Guerre mondiale. La maison Pol Roger dut, comme ses voisines, satisfaire les désirs de l'occupant allemand qui, lors du deuxième conflit mondial, lui réclama 1,2 million de bouteilles. Un officier affirmant à Maurice Pol Roger que les Allemands étaient ses meilleurs clients, celui-ci le corrigea : « Non, monsieur, vous êtes les plus importants. Pas les meilleurs. » Heureusement, les Allemands ne pillèrent pas toutes les vignes, songeant peut-être qu'ils aimeraient en jouir s'ils obtenaient la victoire, et la maison put prospérer de nouveau à la fin de la guerre. Avec un travail colossal et le constant souci de s'améliorer. « Il ne s'agit pas d'être meilleurs que les autres, mais d'être meilleurs qu'hier, confie Christian Pol-Roger. C'est notre leitmotiv. » Une pointe d'accent *british* sur ce dernier mot, fine, racée comme l'est cette maison où on pense constamment à l'avenir. Le maître des lieux compare le champagne à un livre, on termine une année comme on termine un chapitre, on en commence aussitôt une autre. Les débuts s'accordent bien au champagne, qui est une merveilleuse introduction à un repas.

C'est un tel plaisir que de titiller nos papilles avec le Brut Vintage 1996, profond, au parfum de coing, de prune jaune, de le comparer ensuite au Rosé Vintage 1998, très séducteur, où l'élément floral est important sans être trop marqué. « Un champagne rosé trop parfumé devient vulgaire », décrète Christian Pol-Roger, qui ajoute qu'on maintient une température très basse dans les caves. « Pour conserver ce degré, mes grands-parents ouvraient les portes toutes grandes. » J'ai une pensée admirative pour tous ces gens qui travaillaient dans les kilomètres de galeries qui composent le sous-sol de la Champagne, pour les hommes et les femmes qui font de ce vin un nectar si particulier. Quand le serveur désigne mon verre en me demandant si je le termine, M. Pol-Roger sourit : « On ne termine jamais le champagne, on continue… »

paniers chez
Alfred Gratien

L'EFFERVESCENCE, SOURCE DE PROGRÈS TECHNIQUES ET DE DÉVELOPPEMENT SOCIAL

L'effervescence n'est évidemment pas unique au champagne, mais elle est devenue symbole de fête et de plaisir grâce à lui. Bien d'autres bons vins dans le monde, blanc et rouge, sont devenus mousseux parce que le consommateur a pris goût aux bulles. Aujourd'hui, celles-ci peuvent être naturelles ou artificielles. Aussi, comme celles du champagne sont incomparables et, osons le dire, qu'elles sont les meilleures, leurs initiateurs ont dû se protéger pour qu'on n'abuse pas du prestige du nom champagne. Car ce simple terme fait vendre comme jamais ! Chrystine s'amuse au chapitre suivant à présenter des utilisations commerciales aussi abusives que ridicules.

« Mousserons-nous ou ne mousserons-nous pas ? » telle est la question des responsables de caves du XVIIIe siècle, qui s'en remettent uniquement à la nature pour la création de leurs bouillons. Il faut attendre 1735 pour que les premiers flacons officiels champenois, en verre épais et solide, inspirés de bouteilles anglaises, soient utilisés régulièrement, bien que pas encore systématiquement, car ils cassent parfois sous la pression du gaz.

En 1882, les premiers moules pour fabriquer des bouteilles plus régulières apparaissent, et il faut attendre la fin de la Première Guerre mondiale pour que le soufflage du verre par air comprimé rassure totalement les maisons de champagne. Par ailleurs, il faut comprendre qu'entre 1730 et 1930, les observations qui entourent le mystère de l'effervescence entraînent des recherches pour créer ou améliorer tout ce qui permet de la conserver. De la qualité de la bouteille à la méthode employée pour la boucher, c'est une véritable révolution technologique qui s'instaure dans l'univers du vin en Champagne, dont les résultats influenceront toutes les régions viticoles du monde.

On sait dès les premières décennies du XIXe siècle que c'est le sucre, dans sa lente métamorphose en alcool et en gaz carbonique, à l'intérieur de la bouteille, qui provoque la « prise de mousse », donc une pression sur le verre. On observe ce phénomène, qu'on appelle alors

vignes et
église de Chavot

champagnisation, mais on ne l'explique pas encore. L'urgence est de connaître la dose de sucre nécessaire pour que les bouteilles ne cassent pas. C'est en 1836 que Jean-Baptiste François, pharmacien à Châlons-sur-Marne, conçoit le procédé permettant de calculer le taux de sucre résiduel après la première fermentation : la « réduction François » par gluco-œnomètre. Cette étape permet de mieux doser le sucre ajouté pour la seconde fermentation. Pourtant, jusqu'à la fin du siècle, la maîtrise n'est pas totale et des bouteilles éclatent encore périodiquement dans les caves.

Par ailleurs, la découverte du pharmacien ouvre la voie à la contrefaçon. En effet, le vin qui « pétule » étant en vogue dans les salons, la champagnisation devient un nouveau créneau pour les vignerons des autres régions. Si le « moussage » reste délicat en bouteille, il devient maîtrisable en cuve. Les premières copies proviennent d'autres régions françaises et se retrouvent sur le marché, arborant le nom « champagne » et parfois même des noms de villages de crus reconnus comme Aÿ, Oger, Sillery, Verzenay ou Bouzy. La question de la protection du nom « champagne » se pose alors pour les premières maisons de négoce. Cependant, même la législation en matière de protection générale d'un concept ou d'une origine est encore particulièrement mince en France. Tout est à créer. La solidarité étant un atout, les maisons se rassemblent dès 1882 au sein du Syndicat du Commerce des Vins de Champagne et, trois ans plus tard, elles poursuivent un négociant de Saumur. Plusieurs batailles juridiques, entre Champenois et Tourangeaux notamment, ponctuent le XIXe siècle, entraînant progressivement la création de textes de lois, mais il faut attendre 1911 pour que les Champenois puissent revendiquer officiellement leur vin. Enfin, en 1936, le processus de champagnisation est consacré au sein de l'Appellation Champagne Contrôlée.

Aujourd'hui, l'universalisation de l'effervescence a engendré des noms de vins liés à des techniques d'élaboration particulières, selon les pays. On parle de « pétillant » pour un vin conditionné en bouteille et qui présente une surpression de gaz carbonique comprise entre 1 et 2,5 bars à 20 °C. On parle de « mousseux » pour un vin conditionné en bouteille et qui présente une surpression supérieure à 3 bars à 20 °C.

On parle de «perlant» pour un vin qui contient plus de 1 g/l de gaz carbonique et dans lequel on peut constater, au-dessus de 20 °C, l'apparition de bulles au moment du débouchage. On parle enfin de «crémant» pour désigner un vin mousseux ayant une appellation d'origine précise reconnue par les professionnels (Crémant d'Alsace, Crémant de Bourgogne, Crémant de Limoux, Crémant de Die, Crémant de Loire, Crémant du Jura, Crémant de Bordeaux, Crémant du Luxembourg) et dont la méthode d'élaboration respecte le procédé créé par les Champenois, qu'on a nommé «méthode champenoise» jusqu'en 1994. L'intitulé «méthode traditionnelle» prévaut aujourd'hui. Cette dernière méthode est traduite différemment selon les pays : *cava* en Espagne, *metodo classico* en Italie, par exemple.

Toutes ces considérations techniques résultent évidemment de progrès industriels, économiques ou sociaux, et, comme souvent, ce sont les périodes de crise qui les ont amorcés. Ce qui est encore plus important dans l'univers de la viticulture, c'est l'évolution des mentalités. Au tournant du XXe siècle, deux fléaux s'abattent sur la Champagne, le puceron phylloxéra et la Première Guerre mondiale. Le premier efface la vigne du territoire champenois (elle occupait alors plus de 60 000 ha !), le deuxième, toute une génération d'hommes. Entre la création de l'Association viticole champenoise, en 1898, et la fin de la Première Guerre mondiale, en 1918, des études et des expériences sont menées, des formations sont offertes aux vignerons, des syndicats se forment et, surtout, le vignoble champenois change de visage. Il se redessine et se délimite. Cela ne se fait pas sans heurts et, durant 20 ans, la région est secouée par des manifestations, des révoltes et des procès. Les vieilles vignes plantées en foule – c'est-à-dire éparses et aux variétés mélangées – sont arrachées et remplacées par des vignes greffées et palissées, entraînant une chute de la densité et l'adoption de nouveaux modes de tailles. On passe de 40 000 pieds plantés à l'hectare à 9 000 pieds à l'hectare ! Avec 34 000 ha en 1927, le vignoble champenois est certes plus vaste qu'au siècle précédent, car les vignerons de l'Aube y ont été intégrés. Cependant la surface plantée en vignes ne représente plus que 12 000 ha. Une délimitation géographique parcellaire existe enfin et c'est en 1927 que des règles de qualité, déterminées entre autres par l'identité des cépages, sont fixées. Finalement, au travers de crises de surproduction, les Champenois renforcent encore leurs exigences de qualité (rendement, degré alcoolique minimum, pressurage) en 1935. Un an plus tard, à la suite de la création de l'Institut national des appellations d'origine (INAO), l'appellation d'origine contrôlée (AOC) Champagne est constituée.

On doit ensuite à la période de la Deuxième Guerre mondiale la mise sur pied, en Champagne, d'une organisation interprofessionnelle, même si une commission existait déjà en 1939. Nommée Commission de Châlons, son rôle consistait seulement à réglementer les normes de qualité et la fixation des prix de vente du raisin au moment des vendanges.

En 1940, le Bureau de contact des syndicats est créé par les négociants en vins de Champagne. Il devra notamment négocier les prélèvements allemands en vins de Champagne avec celui qu'on appellera le «führer du champagne», Otto Klaebisch. Les vignerons n'y sont pas encore représentés mais, sous l'impulsion de Robert-Jean de Vogüé, secrétaire général du Groupement syndical des négociants en vins de Champagne d'Épernay, et de Maurice Doyard, secrétaire du Syndicat général des vignerons de la Champagne délimitée, est créé le Bureau de répartition des vins de Champagne. Il devient en 1941 le Comité interprofessionnel du vin de Champagne (CIVC) qui, enfin, défend les intérêts des professions du vignoble et des professions du négoce. On lui doit tout ce qui permet à la Champagne, aujourd'hui, d'être l'une des rares régions de la France viticole à ne pas être en crise d'identité et de surproduction.

La richesse de la Champagne, c'est aussi la diversité de ses champagnes, liée directement au statut professionnel de ses producteurs. Ainsi, sur toutes les étiquettes des bouteilles, des initiales apparaissent qui désignent très précisément le statut du producteur.

Vignerons & Maisons de Champagne

Comité Interprofessionnel du Vin de Champagne

On continue? Oui! À comprendre ce vin en frappant à la porte du Comité interprofessionnel du vin de Champagne (CIVC). Cet organisme, créé en 1941, représente les vignerons, négociants, récoltants qui exploitent les 260 000 parcelles de terrain vinicole, toutes enregistrées au CIVC. Si les premiers vignobles sont apparus en Champagne au Moyen Âge – on parlait au IXe siècle de «vins de la Montagne» et de «vins de la Rivière», il a fallu attendre jusqu'en 1905 pour une délimitation précise de la Champagne vinicole : la Marne et l'Aisne constituent la zone d'appellation qui s'étend alors sur 15 000 ha. En 1927, des communes oubliées et les terroirs de l'Aube sont intégrés, étendant la superficie de la zone vinicole à 34 000 ha, répartis en 5 départements.

Sur ce sol particulier fait de craie croissent trois principaux cépages : le chardonnay, le pinot meunier et le pinot noir, qui donne d'excellents bourgognes rouges. Comment se fait-il que des raisins à chair sombre donnent des vins à la robe claire? Est-ce vrai qu'un champagne peut être fait de raisins venant de dizaines de parcelles? Oui, c'est justement le secret de chaque producteur, la clé de voûte de sa réussite. Une réussite telle que la Champagne vit quasiment une crise de prospérité : le territoire est exploité au maximum, et chaque lopin vaut son pesant d'or – de 600 000 à 1,2 million d'euros l'hectare! –, et les seules terres qui ne sont pas plantées de vignes sont celles des cimetières et des abords des églises. La Champagne représente le quart du chiffre d'affaires total des AOC françaises (les vins d'appellation contrôlée)! Il existe plus de 10 000 marques de champagne, car on parle dans cette région de marques et non de crus.

Le rôle du CIVC est donc très important, aucunement commercial mais résolument éducatif, pédagogique, qu'il s'agisse de gestion, de recherche, d'expérimentation. C'est le CIVC qui donne le ban des vendanges, l'autorisation pour chaque village de procéder à la cueillette. Ses laboratoires sont parmi les plus sophistiqués d'Europe; on essaie d'y percer tous les mystères de l'oxygène, la complexité de l'effervescence, synonyme de vivacité, de mouvement. L'effervescence, phénomène chimique, est l'expression même de la magie, de la poésie du champagne. Ce champagne qui doit être préservé contre la fausse représentation, contre l'usurpation; seuls

Épernay, berceau
du champagne

laboratoire
de dégustation
du CIVC

les vins de Champagne ont le droit de porter le nom de champagne. Tous les autres vins effervescents ou tout autre produit doivent respecter cette chasse gardée. C'est ainsi qu'une eau de source pour chiens (!), des bains moussants et un parfum d'Yves Saint Laurent se sont vus interdire d'utiliser le mot champagne pour désigner leurs produits. Même si la réglementation existe, la tentation est forte d'utiliser ce mot qui symbolise la fête, la joie, le succès…

Dès qu'on entend le soupir qui s'échappe d'une bouteille qu'on vient d'ouvrir, la promesse de gaieté est là, taquine et odorante, et les trois champagnes dégustés au CIVC représentaient bien la diversité de la production de cette région. Le De Saint Gall venait d'une coopérative, le B. Coquillette d'un vigneron et le Duval-Leroy d'une maison. Le premier exhalait des arômes de pain frais, de beurre, de biscuits, de poire, il était composé à 100 % de chardonnay, alors que le deuxième, plus doré, était dominé par le pinot noir et sentait l'abricot, le pain d'épices, le tabac blond. Le troisième, avec sa touche de fraise des bois, était un rosé fait de 100 % de pinot noir. Philippe Wibrotte nous a ensuite fait goûter, au restaurant Kobus, un champagne de la maison Diebolt-Vallois, de Cramant, tout en établissant une comparaison entre la ville de Venise et le champagne.

« À Venise, on a érigé des palaces sur des marécages, l'être humain a su faire une merveille de lieux rebutants. Comme en Champagne, où on a bâti un produit désiré, unique, souhaité par tout le monde à partir d'un sol très ingrat. »

Un produit qui est bien protégé par le CIVC, un organisme qui devrait servir de modèle, où le bien commun prime, où le mot éducation a vraiment un sens et où on connaît les bonnes tables de la région, celles où les champagnes sont à l'honneur. Chez Kobus, ouvert il y a 10 ans, un établissement au style rococo, on se délecte d'un bar saupoudré de graines de sésame, aromatisé d'une sauce vierge avec une pointe de tapenade qui respecte la finesse du poisson. Même équilibre dans l'assiette de Guénaël, qui a choisi les pétoncles et l'espadon parfumés au curcuma, servis avec un délicieux risotto à la betterave. On accompagne les plats d'un champagne Hubert Paulet 1995, qui nous rappelle le sémillon et qui s'accordera très bien avec le fromage et les pommes fruits couchés dans une pâte à brick à peine dorée au four, auxquels mon voisin n'a pu résister. Nous quittons Kobus repus et surtout ravis des informations si précises que nous a livrées Philippe Wibrotte. Si les publications du CIVC ne sont pas vendues (le CIVC n'a aucune activité commerciale), on peut consulter avec beaucoup d'agrément le site Web de l'organisme, au www.champagne.fr.

★

LES STATUTS PROFESSIONNELS DES PRODUCTEURS DE CHAMPAGNE

RM (récoltant-manipulant) : il s'agit d'une bouteille élaborée par un vigneron qui a cultivé, vendangé, vinifié et commercialisé lui-même sa production.
RC (récoltant-coopérateur) : il s'agit d'une bouteille provenant d'un vigneron qui a confié à une coopérative le soin de préparer son vin. Elle vinifie et embouteille le vin avant de le rétrocéder au vigneron, qui y appose son nom.
NM (négociant-manipulant) : il s'agit d'une bouteille provenant d'une maison de champagne qui peut posséder des hectares de vignes, mais qui complète ses approvisionnements auprès de viticulteurs et de coopératives. En général, toutes les étapes de l'élaboration du champagne sont contrôlées par le négociant-manipulant.
CM (coopérative manipulante) : il s'agit d'une bouteille dont le champagne a été élaboré avec les raisins de vignerons ayant adhéré à une coopérative. Le champagne sera vendu sous le nom éponyme de la coopérative ou sous une marque créée.
MA (marque auxiliaire) : il s'agit d'une bouteille dont le champagne a été élaboré par un négociant ou une coopérative et qui est acheté par un distributeur (le plus souvent une grande surface commerciale), qui le revend sous sa propre marque.

GOSSET

La maison Gosset est située dans la ville d'Aÿ, qui n'était jusque-là pour moi qu'un nom fréquemment utilisé dans les mots croisés. Ce nom est peut-être le plus court pour un lieu, mais ses ambitions sont grandes ! Quand on existe depuis 1584, on peut ressentir une fierté légitime et désirer être à la hauteur de l'histoire. Pour y parvenir, on a rénové entièrement l'exploitation en 1950, et Philippe Manfredini nous explique avec un enthousiasme non dissimulé que le rachat de la maison par Mme Béatrice Cointreau, en 1994, a apporté un vent de fraîcheur dont tous bénéficient. La production de la maison Gosset est passée de 350 000 bouteilles en 1990 à 1 million en 2005. Des chiffres qui impressionnent mais qui seraient restés une notion abstraite sans la visite des lieux qui m'éclaire sur l'élaboration du champagne.

Les caves, tout d'abord. Dès qu'on descend vers les sous-sols, l'odeur de vin se mêle à celle de l'humidité, du froid. Et l'image du froid est renforcée par l'aspect clinique des cuves en inox où fermentent les vins, où on élabore, on stocke et on conserve des vins de réserve. M. Manfredini précise rapidement qu'on ne fait pas de fermentation malolactique chez Gosset, où on tient à conserver un goût vivace, un goût de pomme verte, de citron, une idée de fraîcheur aux champagnes. Il nous parle de la cuvée Grande Réserve, un multimillésime, et de la cuvée Gosset Célébris, conçues par le chef de caves Jean-Pierre Mareigner qui décide avec Mme Cointreau de la personnalité des vins. Sachant que Béatrice Cointreau est aussi directrice de la maison de cognac Frappin – à Cognac, à des centaines de kilomètres d'Aÿ – et qu'elle a trois enfants, je m'interroge : à quoi peut bien ressembler son quotidien ? Philippe Manfredini sourit avant d'avouer sa perplexité : il se demande aussi comment la patronne réussit à tout combiner…

La température est un peu plus élevée à l'étage du dégorgement et de l'habillage des bouteilles, où règnent une activité et un bruit intenses. Les employés y portent d'ailleurs des bouchons pour les oreilles et des lunettes de protection. Des centaines de bouteilles, sur un tapis roulant, avancent vers le bac de dégorgement. Les pinces d'un engin les saisissent, les retournent, les plongent dans la glace, les débarrassent du bouchon, les remettent sur pied, les envoient à l'ajout de liqueur de réserve. Le manège des bouteilles qui circulent vers un appareil qui enfoncera un nouveau bouchon dans le goulot, le tintamarre de toutes ces machines et les mouvements mécaniques cadencés évoquent *Les Temps modernes* de Chaplin. Tout n'est cependant pas robotisé dans cette chaîne d'habillage. Après la pose de la collerette de métal, le lavage et le séchage, les bouteilles sont observées une à une à la lumière par des employés qui vérifient si elles n'ont pas de défauts. Elles partiront ensuite pour un séjour en cave de deux mois, puis on les habillera : étiquette et coiffe métallique posées à la main quand il s'agit de grands formats. Quand nous montons vers le salon pour déguster les champagnes de la maison, j'ai l'impression d'entendre encore la rumeur des bouteilles qui glissent vers tous ces engins aux rôles si précis. Cet aspect industriel du champagne convient si peu à l'idée romantique que le nectar véhicule.

J'oublie la chaîne de montage dès que Philippe Manfredini débouche la cuvée Brut Excellence au très léger parfum de jasmin, au goût de pomme verte, d'ananas, avec un soupçon de cardamome. Il est vif, très frais, joyeux, et la forme des bouteilles, à l'ancienne, un peu bombées, me rappelle que la maison est établie à Aÿ depuis plus de 400 ans. À l'époque, évidemment, on ne parlait pas encore de champagne et des siècles ont été nécessaires pour parfaire la méthode champenoise qui nous permet de goûter aujourd'hui la cuvée Grande Réserve, un champagne doré où domine le pinot noir (54 %). J'y trouve toujours une idée de pomme, mais de pomme rouge, de ces pommes dont le jus gicle quand on les croque. Et je songe à des pommes au four quand je déguste la cuvée Grand Millésime 1999. Des pommes qu'on aurait décorées d'amandes effilées ou de brisures de noisettes fraîches. Quel délice !

★

LES GRANDES ÉTAPES D'ÉLABORATION DU CHAMPAGNE

1re PHASE

— Vendanges (étalées sur 10 à 12 jours);
— Pressurage selon des dispositions réglementaires propres au champagne (6 à 8 heures);
— Sulfitage et débourbage (8 à 15 heures).

2e PHASE élaboration d'un vin de base (comme un vin blanc traditionnel) entre octobre et décembre

— Fermentation alcoolique;
— Fermentation malolactique (laissée au choix du viticulteur);
— Clarification (collage, filtration ou centrifugation);
— Assemblage.

3e PHASE transformation du vin de base (vin tranquille) en vin effervescent

La transformation se fait en bouteilles.

— **Tirage :** c'est la mise en bouteille du vin de base, additionné de sucre, de levures et d'adjuvants de remuage. Cette fermentation en bouteille est appelée «prise de mousse», elle entraîne la disparition du sucre, la formation d'alcool, la production de gaz carbonique et la formation d'un dépôt.
— **Élevage et remuage :** les bouteilles sont entreposées durant un minimum de 15 mois pour un champagne issu de récoltes assemblées, et durant 3 ans pour un champagne issu d'une seule récolte (champagne millésimé). Le remuage consiste à clarifier le vin par rotation des bouteilles, qui sont entreposées à l'envers, le goulot vers le sol, dans une inclinaison progressive. C'est-à-dire qu'on rassemble le dépôt dans le col de la bouteille. Si, autrefois, le remuage de toutes les bouteilles se faisait sur pupitres, il est aujourd'hui conduit au moyen de gyropalettes, à l'exception de certaines cuvées des grandes marques, des cuvées dites de prestige.

— **Dégorgement :** c'est l'expulsion du dépôt après qu'il a été congelé dans un bain de saumure.
— **Dosage :** c'est l'addition de la liqueur dite de dosage ou d'expédition, qui est un mélange de sucre de canne très pur et de vieux vins de Champagne. C'est elle qui détermine la catégorie de champagne – extra brut, brut, extra dry, sec, demi-sec, doux (voir page 14).
— **Bouchage :** c'est la pose du bouchon (voir page 83).
— **Museletage (ou muselage) :** c'est la pose du muselet, créé par Adolphe Jacquesson en 1844 (elle fut manuelle jusque dans les années 1950).
— **Habillage :** c'est la pose de la coiffe et de l'étiquette avant le conditionnement en caisse de carton ou de bois.

★

HISTOIRE ET IDENTITÉ DES FORMATS DE BOUTEILLES CHAMPENOISES

À la fin du XIXe siècle, le champagne s'est quelque peu démocratisé ; il n'est plus la boisson des nantis, et on le sert dans les brasseries. On l'associe à la fête, et les négociants, inspirés par le faste des civilisations moyen-orientales de l'Antiquité, créent des bouteilles aux formats démesurés. Toutes les bouteilles de contenances supérieures au magnum portent des noms bibliques, à l'exception du souverain et du primat.

Magnum, qui signifie « grand » en latin, connote évidemment l'idée de grandeur.
Jéroboam Ier (931–910 avant J.-C.) fut le fondateur et premier souverain du royaume d'Israël.
Réhoboam (ou Roboam), fils de Salomon et roi de Juda (931–915 avant J.-C.), provoqua par son gouvernement tyrannique le schisme des 10 tribus du Nord, qui formèrent le royaume d'Israël. Il conserva sous sa domination les deux tribus de Juda et de Benjamin.
Mathusalem, le patriarche biblique, aurait vécu 969 ans ! Vivrons-nous plus vieux en buvant du champagne ?
Salmanasar III, roi d'Assyrie (859–824 avant J.-C.), fut un grand conquérant et un grand constructeur de monuments.
Nabuchodonosor II, par son règne (605–562 avant J.-C.), et **Balthazar**, par sa régence (555–539 avant J.-C.), marquèrent l'apogée de la civilisation babylonienne.
Melchisédec était quant à lui un ancien roi de Salem.

La bouteille de champagne classique a une contenance de 75 cl. Seuls la demi-bouteille, la bouteille et le magnum sont utilisés pour l'élevage du vin, les autres formats étant remplis avec du vin déjà élaboré :
le huitième 9,4 cl (inusité)
le quart 18,7 ou 20 cl (utilisé surtout par les compagnies aériennes et maritimes)
le demi 37,5 cl
le médium 60 cl (inusité)
la bouteille 75 cl
le magnum 1,5 l (2 bouteilles)
le jéroboam 3 l (4 bouteilles)
le réhoboam 4,5 l (6 bouteilles)
le mathusalem 6 l (8 bouteilles)
le salmanazar 9 l (12 bouteilles)
le balthazar 12 l (16 bouteilles)
le nabuchodonosor 15 l (20 bouteilles)

Certains négociants ont introduit sur le marché des flacons aux contenances déroutantes :
le salomon 18 l (24 bouteilles)
le souverain 26,25 l (35 bouteilles)
le primat 27 l (36 bouteilles)
le melchisédec 30 l (40 bouteilles)
Ce flacon pèse 54 kg lorsqu'il est plein !

les œufs de
Carol Duval-Leroy

Dès que nous arrivons sur les terres de Carol Duval-Leroy, il nous paraît évident qu'on y aime l'audace, l'originalité : un magnifique cheval bleu trône devant la maison. On verra aussi deux jolies vaches aux couleurs très joyeuses se prélasser près du hall d'entrée et devant le vestiaire du bistrot. Ces sculptures ont été achetées à Bruxelles à l'occasion d'un événement caritatif, nous expliquent Noémie et Christelle, qui nous rejoignent à l'entrée. Nous allons immédiatement visiter les installations de cette maison qui existe depuis 1859 et possède 175 ha de vignes, qui fournissent le tiers de l'approvisionnement, le reste étant acheté en raisins. J'essaie d'imaginer les montagnes de grappes récoltées, pressurées à la saison des vendanges, mais je ne suis pas accoutumée à des chiffres aussi faramineux. Duval-Leroy, c'est plus de 5 millions de bouteilles par année, dont la valeur atteint aisément 68 millions d'euros, la production ayant doublé durant les 10 dernières années. Duval-Leroy occupe aujourd'hui le dixième rang en volume expédié en ordre d'importance parmi les maisons de champagne. En 1991, au moment du décès de Jean-Charles Duval, son mari, Carol Duval-Leroy a choisi d'honorer sa mémoire en continuant son œuvre : si son beau-père a marqué son «règne» par l'achat de vignes et son époux par le développement des outils de production, Carol Duval-Leroy s'est distinguée, elle, par sa volonté d'élever leur champagne au statut de marque mondialement reconnue.

C'est chose faite maintenant, mais Mme Duval-Leroy n'est pas du genre à se reposer sur ses lauriers. Le laurier, elle l'utilise plutôt dans sa cuisine, qu'elle nous fait voir avec beaucoup de simplicité. Là, un seau rempli des œufs de ses 60 poules, ici, une pompe à bière (Carol est d'origine belge et adore la bière), une belle table de travail, de la lumière, de la sobriété, et aucun de ces gadgets à la mode qu'on trouve dans ces cuisines où on ne cuisine pas. Chez Duval-Leroy, la franchise est une philosophie et le discours direct de la propriétaire me ravit.

«Oui, c'est une femme qui vérifie si les étiquettes sont bien posées sur les bouteilles, car les femmes sont plus méticuleuses; notre vérificatrice n'accepterait pas une étiquette mal placée. Les femmes vont jusqu'au bout des choses, elles sont tenaces, courageuses.»

Ces adjectifs que Carol Duval-Leroy destine à ses employées lui vont comme un gant. J'ai rarement rencontré une femme dégageant autant d'énergie. Son regard d'un bleu étincelant, à la fois vif et serein, est celui d'une femme qui n'a peur de rien. Qui rend hommage à la vie en l'habitant pleinement. S'ennuyant un peu en vacances, Carol Duval-Leroy a décidé d'écrire un livre de cuisine; elle y mêle ses recettes à celles de ses amis, de sa famille. Tout a été réalisé, testé et photographié chez elle. « J'avais l'habitude de recevoir les clients de mon mari, j'adore cuisiner. » Elle est même titillée par l'envie d'ouvrir au public le bistrot réservé aux invités : pourquoi pas? Les visiteurs seraient sûrement ravis de goûter au délectable carpaccio d'ananas et de langoustines qu'on nous a servi au déjeuner. Le cadre est charmant, sans fioritures : un beau bar en bois, des bouteilles qui étincellent, des tables sous lesquelles se glisse Asti Spumante, le chien que des amis ont offert à Carol Duval-Leroy pour ses 50 ans. Eh oui, elle ne cache ni son âge ni le fait qu'elle ne connaissait pas le métier de productrice quand elle a décidé de diriger la maison.

« C'était difficile au début, j'ai dû faire mes preuves. C'est un milieu macho, on attend toujours davantage d'une femme. Et comme je dis toujours ce que je pense… »

Elle sourit, assumant ses idées, ses opinions. Elle est contente d'embaucher des jeunes femmes. Attention, pas des midinettes, mais des gamines avec des idées nouvelles et qui ont de la jugeote! Elle fait avancer les choses doucement mais sûrement et ne semble avoir aucun regret, si ce n'est celui de ne pouvoir pratiquer la navigation à voile comme elle le faisait quand elle a rencontré son mari. Les journées n'ont que 24 heures, même si Carol Duval-Leroy ne dort que 4 ou 5 heures par nuit. Une maison de cette envergure est très exigeante, entre les discussions avec le chef de caves, les rencontres avec des acheteurs des quatre coins du monde, les visites dans les pressoirs où on se confie à elle, la création d'un trophée du meilleur dessert de l'année. Elle trouve pourtant le temps de s'occuper de ses trois enfants et de voir ses amis. Comment fait-elle? « Il suffit de naître comme moi un 27 juillet, plaisante-t-elle. J'aurai bien le temps de dormir quand je serai vieille. »

Mais elle ne sera jamais vieille, car vieillir, c'est l'absence de désirs, de projets, et Carol Duval-Leroy a trop de plaisir à songer à l'avenir, à une nouvelle cuvée. Ses yeux brillent quand on l'interroge sur les cépages moins connus qu'elle a utilisés pour certains champagnes. « Ce sont des cuvées confidentielles, mais j'aime faire des choses rares. C'est amusant et les gens en parlent. » Amusant, oui. Et bien pensé. On a ainsi offert sur le marché nord-américain une bouteille de 500 ml qui est idéale pour un repas en petit comité. Guénaël se délecte en dégustant un vin fait de pinot noir de Cumières, la cuvée Authentis Cumières 2001, tandis que je goûte la cuvée Paris dans un salon tout de noir et de blanc, moderne et sobre, où sont exposés les produits Duval-Leroy, ainsi qu'un sac à main et des chaussures de fée réalisés, pour s'amuser, par une amie de Carol avec des capsules et des muselets de champagne. La touche est féminine, inusitée, élégante, aérienne. Celle que je trouve dans mon verre est d'or pâle. Paris me séduit par ses arômes de foin frais, de yuzu, de pomme, par sa finesse, sa fraîcheur, ses bulles gracieuses. Je trouverai les mêmes qualités mais un parfum plus floral dans le célèbre champagne Femme. Juste avant de quitter Carol Duval-Leroy, j'apprends qu'il faut éviter de porter du rouge à lèvres quand on boit du champagne, car il « casse » la mousse. Avis aux vraies gourmandes!

LE PRESSURAGE EN CHAMPAGNE

Ces grandes étapes, résumées dans l'encadré de la page 40, démontrent la complexité de l'élaboration du champagne et, pour mieux comprendre pourquoi ce vin mousseux est le meilleur vin au monde, je dois m'arrêter sur chacune d'entre elles. En effet, elles sont toutes uniques, dès l'arrivée du raisin au vendangeoir où se trouvent les pressoirs. Ces pressoirs sont d'ailleurs particuliers, car ils ne reçoivent que 4000 kg de raisin, conformément au règlement que se sont imposé les Champenois.

On appelle ces pressoirs des pressoirs discontinus. La maie constitue la plate-forme de chargement et les claies sont les parois qui forment la cage du pressoir, ainsi nommée parce qu'elle est construite en lattes de bois à claire-voie, généralement démontables pour faciliter la manipulation du raisin durant le pressurage, l'évacuation des résidus et le nettoyage. La pression du pressoir champenois, dit marnais, est faible et rapide, jamais brusque. La pellicule des raisins ne doit pas être déchiquetée mais pliée, afin d'éviter l'extraction de couleur. Ce pressoir est de type vertical, c'est-à-dire que la pression s'exerce directement sur la maie. Il est traditionnellement carré, même si dans les années 1930 la forme circulaire est apparue.

Lorsqu'on enclenche le mécanisme de poussée, le jus s'écoule latéralement, au travers des lattes, et gagne la rigole qui entoure la maie. Les capacités doivent toujours être des multiples de 4000 kg afin de respecter les règles du rendement maximum et du fractionnement. Il existe des pressoirs plus petits ne contenant que 2000 kg de raisin. Dans les années 1960 sont apparus les pressoirs horizontaux – qu'on utilisait déjà dans les autres régions viticoles – constitués de plateaux et de vis sans fin, ou d'une membrane pneumatique formant une vessie gonflable. Le CIVC les a officiellement autorisés en 1971, tout en les faisant adapter aux normes régionales.

Il faut environ 90 bacs de raisin pour remplir un pressoir de 4000 kg. Le résultat du pressurage est le marc, le résidu solide, et l'eau-de-vie que l'on retirera de sa distillation. Par ailleurs, avant de le charger, on doit peser le raisin, car c'est la pesée qui permet le contrôle du rendement au pressurage, ainsi que le paiement du raisin aux livreurs. C'est à partir de cette étape que les négociants-manipulants prennent le contrôle de l'élaboration de leur champagne. Un représentant de la marque vérifie, selon les termes consacrés par l'usage, que le raisin est «sain, loyal et marchand».

Les raisins sont ensuite déposés sur toute la surface de la maie, sans les tasser, au moyen de râteaux et de pelles en bois appelées *palons*. À la fin du chargement, on forme au centre du pressoir un dôme qui permet de mieux répartir les effets de la pression. Une première *serre*, ou serrée, qui n'excède pas une pression de 150 kg par centimètre carré, est alors entreprise. On procède à une *retrousse* après avoir extrait environ 10 hectolitres (1000 l) de jus : on ramène alors au centre de la maie le raisin moins pressuré qui est resté en périphérie.

On pratique trois serrées et deux retrousses, puis on extrait 20,5 hectolitres (2550 l) de moût, qui constituent la *cuvée*. Vient ensuite la phase du *taillage* : il nécessite le démontage des claies, puis la découpe à la bêche du bord du *gâteau de marc*, qu'on ramène au centre du pressoir après l'avoir taillé. On remonte les claies et l'on reprend une serrée pour obtenir la *première taille*, qui donnera 410 l de jus. Enfin, une dernière serrée, précédée d'un dernier taillage, donne la *deuxième taille*, soit 90 l de jus.

Le *marc gras* est ce qui reste après la deuxième taille. Il est transféré dans un pressoir cylindrique et vertical, plus petit, qu'on appelle le *séchoir*. Grâce à lui, on obtient le *marc sec*, qui est utilisé pour faire du *marc de champagne*. On nettoie finalement le pressoir à grande eau.

Étant donné qu'il y a plusieurs phases dans l'étape du pressurage, et donc plusieurs jus qui s'écoulent par une rigole, diverses bouches d'écoulement identifiées sont ouvertes ou fermées durant les fractions du pressurage. Elles desservent des cuves jaugées, appelées *barlons* ou bellons.

chargement d'un pressoir traditionnel
chargement du pressoir
plateau de pressoir qui écrase le raisin

pressoirs traditionnels chez Jacquesson
bascule pour la pesée du raisin
retrousse du marc

chargement d'un pressoir moderne
préparation d'un marc de chardonnay
gâteau obtenu dans un pressoir traditionnel

Laurent Perrier
Ne Buvez Jamais d'Eau

Ce sont aussi des femmes qui nous reçoivent lorsqu'on arrive chez Laurent-Perrier, où on a hissé pour nous plaire les drapeaux aux couleurs du Québec et du Canada. C'est un peu intimidant, mais la gentillesse, la disponibilité de Marie-Clotilde Debieuvre-Patoz et d'Anne-Laure Domenichini me rassurent, et j'écoute comme une enfant à qui on raconte une histoire, la destinée de la maison Laurent-Perrier, où passe régulièrement Bernard de Nonancourt, une figure emblématique de la Champagne et le créateur de la maison Laurent-Perrier telle qu'on la connaît maintenant.

La maison a été fondée en 1812 par une famille de tonneliers, les Pierlot, qui se sont installés à Tours-sur-Marne. En 1882, Alphonse Pierlot lègue tous ses biens à son chef de caves, Eugène Laurent, issu d'une longue lignée de vignerons, qui a l'idée de faire creuser 800 m de cave (il y en a 9 km aujourd'hui). Il épouse Émilie Perrier et l'affaire prospère. Si elle ne périclite pas après son décès, c'est grâce au travail de sa veuve : la maison produit un demi-million de bouteilles en 1914. Hélas, c'est le début de la guerre. Qui sera suivie de la terrible crise de 1929. Dix ans plus tard, il ne reste dans les caves que 12 000 bouteilles hypothéquées. Nous sommes à la veille de la Deuxième Guerre mondiale et une autre veuve, Marie-Louise de Nonancourt, cherche à mettre sa famille à l'abri du besoin. Elle achète l'entreprise au bord de la faillite pour son fils aîné Maurice, mais celui-ci entre dans la Résistance, est dénoncé et meurt en déportation. Son frère cadet, Bernard, 19 ans, s'illustre également comme résistant et vit un moment exceptionnel lorsqu'en mai 1945, son unité se trouve en Bavière et pénètre dans une maison qui appartenait à Hitler, le Berghof, le Nid d'aigle, où s'entassaient les trésors des pillages nazis : de l'or, des bijoux, des objets d'art et un demi-million de bouteilles ! Bernard de Nonancourt s'émeut en admirant les Romanée Conti, les Lafite Rothschild, les Yquem, les Latour, des cognacs, des portos (dont certains datent du siècle précédent) et les bouteilles de champagne qu'il avait vu confisquées par les hommes de Goering, cinq ans plus tôt. De retour en Champagne, sa mère lui conseille de pratiquer tous les métiers qui se rattachent au vin afin de bien connaître les étapes de la production pour mieux diriger Laurent-Perrier.

Bernard de Nonancourt étudie ainsi chez Lanson, et dès 1949, il décide d'introduire le chardonnay en assemblage de façon majoritaire. À une époque où le champagne était consommé au dessert, il relève le pari de faire redécouvrir ce vin à l'apéritif. Il crée un champagne vif et frais, abandonne l'élevage en fût de chêne et s'inspire des brasseurs du nord, adeptes des cuves en inox pour la fermentation. Si on peut voir, à l'occasion d'une visite des caves, de vieux champagnes non dégorgés dans la superbe «galerie des moines», on privilégie toutefois chez Laurent-Perrier le vieillissement dans ces cuves aux températures parfaitement régulées. Les raisins sont toujours cueillis à la main, mais des pressoirs pneumatiques ont fait leur apparition. On veille à isoler soigneusement les arrivages : telle cuve contient le jus du chardonnay cueilli dans telle parcelle. Ce sera au chef de caves de réaliser les meilleurs assemblages de tous ces crus, sans oublier le vin de réserve, qu'on utilise selon les besoins dans des proportions qui varient de 15 à 40%. C'est également le chef de caves qui doit avoir une grande intuition pour élaborer la Cuvée Rosé Brut, un rosé de saignée. Laurent-Perrier est le numéro un mondial dans l'univers des rosés, qu'on a joliment associés à une pivoine dans les très chics publicités conçues par Jean-Baptiste Huynh. Ces annonces expriment bien l'atmosphère de la maison, où un héros de guerre a transmis sa force virile sans renier la notion de délicatesse.

Le salon où on déguste les champagnes est sobre, intime, discret. Un serveur portant des gants blancs ouvre la cuvée Brut L-P et, durant quelques secondes, j'ai l'image de mon jardin, au printemps, quand poussent les tulipes et les narcisses, puis c'est un parfum de miel, un subtil goût de praline qui me ravit. Cette cuvée est plus minérale que la suivante : le Brut Millésimé 1997, plus crémeux, au goût de mangue et de cédrat, très soyeux… Nous parlons du champagne Grand Siècle, si séducteur, qui est fait de trois millésimés qui se suivent et qui était autrefois offert à l'achat d'une Maserati. C'est également la cuvée Grand Siècle qui était dégustée pendant les vols présidentiels assurés par la compagnie Air France. Aujourd'hui, la maison Laurent-Perrier est très présente dans le monde de l'horticulture : depuis quelques années, elle marraine des jardins à Chelsea et des événements ponctuels où les fleurs sont à l'honneur. Il y en a d'ailleurs à la réception, près des photos de Lord Mountbatten, un fidèle client de la maison, du prince Charles, de Jeanne Moreau, Lino Ventura et Maurice Béjart.

ma version des cannelés salés, p. 123

Ont-ils eu droit comme nous aux moelleux cannelés salés? Je quête la recette réalisée par Valérie Marchandise, la chef à qui est confié le volet gastronomie de la maison, car si je fais souvent les cannelés bordelais au rhum, je n'en avais jamais goûté en version apéritive. Le beurre, un soupçon de fromage s'accordent parfaitement au Brut Millésimé 1997, si enjôleur. C'est simple comme l'assiette de charcuterie que je choisis au Café du Palais où nous nous attablons; le style mi-baroque, mi-rococo, les grands lustres, les murs ornés de miroirs, de tableaux insolites, des portraits de personnages qui semblent lorgner nos plats, les banquettes de cuir, le buste d'une sirène à corne (?!) nous donnent l'impression d'être dans un décor de cinéma. Tout s'accorde avec la cuvée Laurent-Perrier Ultra Brut, habillée de bleu électrique, au goût aussi sec que subtil qui réjouit Guénaël. Les portions sont copieuses, notre serveur sympathique et drôle me persuade de prendre un dessert, même si je n'ai pas réussi à terminer mon assiette : «Vous ne pouvez pas ne pas goûter à la glace au biscuit rose de Reims!» Il a raison, c'est délicieux. Je me renseigne sur les biscuits roses, me promets d'en rapporter à Montréal. Peu importe s'ils se cassent en mille miettes dans mes bagages, on les broie souvent pour les utiliser en cuisine!

vignes de
Monthelon

LES FERMENTATIONS

La première fonction des barlons est de récupérer les moûts et de les débourber. En effet, des débris de pellicules et de pépins, de la terre et des micro-organismes restent dans le jus obtenu malgré les précautions prises durant le pressurage. Il faut s'en débarrasser en filtrant le jus par gravité. C'est cette décantation qu'on appelle le *débourbage*. On procède en même temps à un léger *sulfitage*, car le soufre retarde la fermentation, élimine les ferments de maladies éventuelles et prévient l'oxydation. Le *moût* est récupéré par pompage, tandis qu'on ramasse au fond de la cuve, pour les jeter, les bourbes, qu'on appelle en Champagne la cotte. Le moût est déversé dans des cuves de fermentation qui peuvent être en acier émaillé, en inox, en ciment vitrifié ou en bois (foudres ou pièces). Les moindres détails sont notés, depuis le type de fractionnement, le cépage sélectionné et évidemment le cru d'origine, car la traçabilité est obligatoire en Champagne.

La *chaptalisation* est autorisée dans la région et elle peut s'appliquer avant la fermentation alcoolique si, entre autres, les raisins ne sont pas riches en sucre à cause d'une année peu ensoleillée. Il s'agit d'ajouter au moût de la saccharose pure, généralement extraite de la betterave ou de la canne à sucre. Comme il faut tenir compte de l'augmentation de 1,2 à 1,3° d'alcool au moment de la phase qu'on appelle la *prise de mousse*, qui surviendra plus tard dans l'élaboration du champagne, l'œnologue doit contrôler en permanence la fermentation alcoolique afin que le moût se situe entre 10,5 et 11,5°, car la législation en Champagne n'autorise qu'un maximum de 13° à la vente.

C'est au XIXe siècle, grâce aux travaux de Louis Pasteur, que l'on a compris que la *fermentation alcoolique* n'était pas due à l'action de l'air sur le sucre, mais à la présence de micro-organismes, notamment les levures indigènes transportées par le vent. En effet, les enzymes contenues dans les levures décomposent les sucres naturels (glucose et fructose) en alcool éthylique et en gaz carbonique. Cette réaction, qui dure une quinzaine de jours, s'accompagne

méchage
de tonneau

d'une production de chaleur. Aujourd'hui, on cultive des levures naturelles sélectionnées qu'on peut légalement ajouter dans les cuves. On appelle cette étape le *levurage*. En général, les maisons de champagne cultivent leurs propres souches de levures.

La température doit aussi être contrôlée pour être maintenue entre 16 et 20 °C. C'est elle qui favorise une fermentation régulière sans évaporation des arômes. Le volume de moût dans les cuves pouvant varier, on pratique alors l'*ouillage*. Après cette étape, on obtient un vin classique, tranquille. On parle alors de vin nature ou de vin clair. Il s'agit en fait du vin blanc de Champagne non effervescent commercialisé sous l'Appellation Coteaux Champenois. Du vin rouge peut également être vendu sous cette appellation.

La *fermentation malolactique* est l'étape suivante. C'est une phase de correction que n'appliquent pas toutes les maisons de champagne, selon leur désir de fraîcheur, de finesse et d'endurance du vin. Il s'agit de la transformation de l'acide malique en acide lactique, par voie bactérienne. Cela provoque la chute de l'acidité du vin. En effet, l'acide malique ayant deux fonctions acides (diacide) et l'acide lactique n'en ayant qu'une seule, il se produit une rétrogradation de l'acide malique par décarboxylation d'une de ses fonctions. Cette fermentation dure entre quatre et six semaines. Lorsque les fermentations alcoolique et malolactique sont achevées, le vin est refroidi progressivement à 10 ou 12 °C, puis on le clarifie.

POURQUOI DU CHAMPAGNE ROSÉ ?

Le champagne est également unique en ce qui concerne l'élaboration d'une cuvée dite rosée. C'est en effet la seule appellation de France qui ait le droit d'assembler du vin rouge et du vin blanc. La pratique la plus répandue pour obtenir un champagne rosé est donc d'ajouter un peu de vin rouge d'Appellation Coteaux Champenois dans le vin blanc avant la seconde fermentation. La deuxième méthode, moins courante, reprend l'une des techniques de vinification du rosé traditionnel non effervescent : la macération courte ou saignée. On procède comme pour une vinification en rouge, mais on « saigne » la cuve en faisant couler le jus déjà coloré pour le séparer des pellicules des raisins et donc limiter la prise de couleur. Selon la richesse du raisin en pigments colorés, la saignée intervient après 12 à 48 heures de macération. On parle alors de rosé de saignée pour certaines cuvées de grandes maisons.

Il faut savoir que la plupart des champagnes élaborés jusqu'au XIXe siècle avaient une robe qui tirait vers la couleur chair à cause du pressurage manuel et lent qui teintait les moûts, puisque ce sont les anthocyanes contenues dans la pellicule des grains de pinot noir et de pinot meunier qui transmettent la couleur.

Évelyne Roques-Boizel est l'arrière-arrière-petite-fille d'Édouard Boizel, qui a fondé la maison sous la monarchie de Juillet. Dès 1834, le premier millésime est paré d'une étiquette, coutume rarissime à cette époque; il en reste d'ailleurs quelques bouteilles dans les caves que nous fait visiter Christophe Roques-Boizel en s'excusant de l'absence de son épouse, retenue à l'étranger. Il soutient qu'elle sait mieux que lui raconter l'histoire de la maison, mais l'esprit de notre hôte nous charme comme sa spontanéité chaleureuse. Nous traversons la cuverie où s'échelonnent les cuves de fermentation et, dès que nous nous enfonçons dans les galeries, M. Roques-Boizel nous avoue son plaisir de pouvoir parler français avec nous, même s'il joue de bonne grâce les guides quand des visiteurs étrangers se présentent chez Boizel. Ils doivent s'extasier en découvrant des bouteilles datant de la fin du XIXe siècle. Certaines de ces augustes bouteilles sont vendues aux enchères pour des œuvres caritatives, et le prix qu'elles atteignent étonne parfois M. Roques-Boizel. Il désigne des pièces poussiéreuses qui font la joie des araignées et m'intriguent. «Le verre était très difficile à trouver alors, nous précise-t-il, mais pas le raisin. C'est l'inverse, aujourd'hui!»

La maison, qui demeure familiale malgré son rachat par un groupe, achète le raisin, car elle ne possède que 2 ha en propre contre 150 sous contrat. Ces raisins provenant de plusieurs villages produiront l'équivalent de 1,5 million de bouteilles. Je ne parviens pas à m'habituer à ces chiffres vertigineux, à la vue de ces masses de bouteilles couchées sur lattes ou pointées, surtout quand j'apprends qu'un bon remueur peut manipuler jusqu'à 50 000 bouteilles par jour. M. Roques-Boizel, qui parvient à tourner 8 000 bouteilles, est loin du compte… mais il fait pourtant notre admiration quand il s'installe au pupitre et nous démontre ses talents : il saisit deux bouteilles en prenant soin d'en laisser une entre elles, avançant par groupes de trois, en zigzag, de bas en haut. Les plus élevées sont à hauteur d'homme, les plus basses touchent quasiment le sol. J'imagine les tendinites et les maux de dos, avant de remarquer des niches originales où des piles de bouteilles d'importances différentes font sourire M. Roques-Boizel : «Plus la pile est basse, meilleur est le vin.»

Je frémis en découvrant le puits de 30 m de profondeur que M. Roques-Boizel s'est empressé de faire couvrir d'une grille à son arrivée dans la maison en 1973.

«Je n'étais pas familier avec l'univers du champagne, nous confie notre hôte, étant ingénieur spécialisé en informatique. Et mon épouse, elle, avait étudié l'archéologie. Mais quand son père est décédé, nous avons repris les rênes de la maison. J'ai donc appris à connaître le travail de la vigne.»

Christophe Roques-Boizel ne semble pas regretter cette décision, disant tout le plaisir qu'il a à rencontrer les gens, les clients comme les vignerons qui récupèrent chacun 300 bouteilles de leur propre raisin chaque année. «Ils sont fidèles, notre rapport n'est pas seulement une question d'argent.» La manière dont on fait les choses est importante chez Roques-Boizel, le cinquième couple à diriger cette entreprise avec succès. La prétention n'est pas de mise. Christophe Roques-Boizel parle avec affection de son épouse, il nous dit le bonheur qu'il a à boire une bonne bouteille entre copains, sans chichis. Évidemment, dans cette maison, il y a du choix. Juste avant de déguster les cuvées Boizel, notre hôte nous pose une devinette en désignant une sorte de tréteau. Ni Guénaël ni moi ne parvenons à trouver l'utilité de cette antiquité. C'est un chevalet à ficelle dont on se servait autrefois pour lier les bouchons de champagne. Le muselet me paraît plus solide…

La lumière du salon où nous nous asseyons pour déguster les champagnes m'éblouit après les lueurs ambrées qui éclairaient la cave. Le soleil, rare durant notre séjour (il pleut au moins 200 jours par an dans la région), rehausse l'éclat de l'or pâle qui coule dans les verres. Je vérifie mon penchant pour le chardonnay en goûtant la cuvée Brut Chardonnay, à l'arôme brioché, crémeux, rond. La délicatesse des bulles, l'idée d'une dragée, amande et sucre discret m'enchantent, mais je ne peux bouder la cuvée Brut Rosé au parfum de framboise sauvage, au goût de fraises de l'île d'Orléans et de muscat. Je me promets d'essayer une soupe de fraises aromatisée au muscat ou au pineau des Charentes cet été, au jardin, après avoir ouvert une bouteille de champagne. Pourquoi pas le Brut Cuvée Sous Bois 1990, d'une très belle plénitude, au parfum de raisins de Corinthe qui cuisent dans un gâteau, au goût de moka, velouté. Je savoure l'instant, la conversation de Christophe Roques-Boizel, si affable; il parle avec sincérité de son estime pour Christian Pol-Roger ou du délicieux champagne de Charles Philipponnat. Ce sont pourtant des rivaux, mais le style de la maison n'est pas à l'envi, il est au souci des belles et bonnes choses, faites avec grâce.

Nous apprenons, en nous attablant de nouveau chez Kobus, que M. Roques-Boizel est un amateur de ski. C'est d'ailleurs à la montagne qu'il a rencontré sa femme et il y emmène ses trois enfants. Il nous interroge sur les pentes du Québec et sur notre gastronomie, alors que je me délecte des rillettes de saumon et tourteau, du tartare de langoustines à la vanille de Tahiti, où plusieurs vignerons champenois ont amplement les moyens de s'offrir des vacances annuelles! En sortant du restaurant, le croassement des corbeaux me rappelle le film *The Birds* et son célèbre réalisateur. Alfred Hitchcock était, paraît-il, un fervent adepte de Joyau de France, une cuvée créée en 1961 par la maison Boizel…

cave de Gosset

LA CRÉATION DES MAISONS DE CHAMPAGNE

Dès le XVIIIe siècle, les marchands de champagne sont nombreux. Ils ne vendent cependant pas de champagne comme on l'entend aujourd'hui, puisque la majorité des vins sont tranquilles. Souvent établis à Reims ou à Châlons parce que les routes y convergent, certains travaillent depuis la commune qui jouxte les quelques hectares qu'ils possèdent. À Épernay, les marchands les plus connus sont Geoffroy, Bertin du Rocheret, de Partelaine, Chertemps et Moët. À Reims, c'est Drouin de la Vieville qui a pignon sur rue. Mais une nouvelle profession apparaît : celle de négociant de vin de champagne mousseux.

La champagnisation, encore imparfaitement maîtrisée, coûte cher. Il faut la rentabiliser en faisant également le commerce du vin. Ce sont donc de purs commerçants qui vont devenir les créateurs de la mousse en achetant les vins tranquilles des vignerons, ces derniers n'ayant ni les connaissances ni les moyens financiers pour gérer la champagnisation. Si, par exemple, la maison Gosset est aujourd'hui la plus ancienne de Champagne, puisqu'elle a été fondée à la fin du XVIe siècle, elle n'a élaboré que des vins tranquilles jusqu'au XVIIIe siècle. Mais elle a toujours été dans le domaine de la vigne, alors que la plupart des maisons de champagne qui s'établissent au XVIIIe siècle ont leurs origines professionnelles dans le commerce du drap, de la laine ou de la monnaie.

La première maison de champagne créée en tant que telle, c'est-à-dire en tant que commerçante de vin mousseux provenant de la Champagne, est la maison Ruinart, établie en 1729 à Épernay. Suivent, en 1730, Chanoine à Épernay; en 1734, Fourneaux à Reims; en 1743, Moët à Épernay; en 1757, Vander Veken (Henri Abelé) à Reims; en 1760, Delamotte à Reims; en 1765, Dubois et Fils à Reims; en 1772, Clicquot à Reims; en 1785, Heidsieck à Reims et, en 1798, Jacquesson à Châlons. Depuis, bien des maisons se sont constituées, comme beaucoup ont aussi disparu, et si, jusque dans les années 1960, le maintien d'un nom dépendait du mariage entre un descendant d'une marque et le descendant d'une autre, la consolidation des liens passe aujourd'hui par des regroupements purement financiers. On ne trouve plus toujours un descendant direct à la tête de ces groupes portant le nom de l'un des champagnes commercialisés, mais souvent un héritier de l'une des marques fait partie du directoire du groupe.

Si la Champagne viticole se porte très bien de nos jours, c'est aussi grâce à ces associations de marques. En fait, s'il n'est pas parfait, le système champenois est actuellement, dans l'industrie viticole mondiale en crise, le plus économiquement fiable. Plus de 15 000 familles de vignerons exploitent 90 % de l'aire de l'AOC Champagne. Certaines élaborent elles-mêmes leur propre champagne ou passent par une coopérative, d'autres vendent leur récolte aux marques de champagne. Ces dernières ne possèdent que 10 % de l'aire de l'AOC, qu'elles exploitent pour leur champagne, et elles ont absolument besoin du raisin des vignerons. Si près des deux tiers du chiffre d'affaires annuel sont réalisés par cinq grands groupes de marques, c'est quand même le vigneron qui, aujourd'hui, détient le «pétrole»!

Le Royal Champagne porte bien son nom; cet hôtel majestueux veille en hauteur sur toute la région. Du promontoire, on contemple le village voisin, Champillon, dont on pourrait compter les toits des maisons par une journée claire. Épernay se distingue à l'est et la Montagne de Reims, à l'ouest, me semble un peu plus basse que la Côte des Blancs. Cette fameuse côte où pousse le chardonnay, qui est légèrement dominant dans le Dom Pérignon. Celui-ci vivait à Hautvillers et le jardin où il cherchait à comprendre l'effervescence du vin existe toujours derrière un haut mur de pierres qui interdit les visites. Qu'importe, l'esprit du moine est là, sa mémoire honorée par cette cuvée célébrissime qu'on retrouve sur la carte des restaurants les plus prestigieux du monde. Je soupçonne dom Pérignon d'agir comme ange gardien sur les destinées de la maison : sinon, comment expliquer son succès phénoménal? Il s'ouvre, dans le monde, une bouteille de Moët & Chandon toutes les cinq minutes et chaque bouteille est identique aux autres même si elles sont produites par millions. Depuis mon arrivée en Champagne, je reste interdite en écoutant énoncer des chiffres, en visitant les caves où s'entassent des mers de bouteilles, mais la valse des millions, voire des milliards m'est abstraite. Je suis stupéfaite, oui, mais Pascal Tingaud m'impressionne davantage que ces équations qui clament la réussite.

Par son extrême amabilité tout d'abord; le grand chef qui officie au château de Saran, appartenant à Moët & Chandon et où les têtes couronnées, les présidents et les stars se succèdent pour goûter aux merveilles qu'il crée, vient tout juste d'arriver de Houston quand il nous reçoit au Royal Champagne. Et M. Tingaud nous apprend qu'il repart à Barcelone dès l'aube. Nous sommes confus en pensant qu'il aurait pu se reposer chez lui au lieu de passer une soirée avec des inconnus. Il balaie notre embarras d'un geste de la main, nous propose d'essayer le menu-dégustation que le chef Philippe Augé vient de mettre au point pour la prochaine saison. Je suis déjà séduite, car au très chic Royal Champagne tout est conçu pour charmer les visiteurs. Je me tourne vers le grand feu de foyer qui donne une couleur d'ambre, de porphyre, au salon où nous prenons l'apéritif.

C'est un Brut Impérial Rosé 1999 qui fait écho à l'élégance des lieux : miroirs anciens, tapis moelleux, grandes et lourdes tentures, boiseries, porcelaine de Limoges ; le luxe comme on le voit dans les films… Et des roses, partout, des roses rouges qui enlacent des chandeliers, qui s'épanouissent dans de petits bols en argent, sans que jamais leur parfum nuise à celui des mets qui nous sont servis. L'huître Girardeau n° 2 est monstrueusement grosse, iodée, au goût de noisette, délectable. Avant de l'avaler, j'interroge Pascal Tingaud sur ses débuts : son grand-père avait un restaurant dont son père, consacré Meilleur ouvrier de France, avait repris la suite. Son décès prématuré, alors que Pascal n'avait que 13 ans, décide son grand-père à retourner aux fourneaux. Il devine alors le talent de son petit-fils, qui fera l'école hôtelière à Paris avant de revenir à Laferté-sous-Bois, aux commandes du restaurant.

« J'étais destiné à me passionner pour le champagne, raconte Pascal Tingaud. La première photo qu'on a prise de moi me montre, à quatre ans, tenant une flûte de Moët & Chandon. Si j'avais su que je deviendrais chef au château de Saran… »

Où il est et se dit parfaitement heureux. Il vante l'esprit de la maison, l'enthousiasme des chefs de caves, la connaissance aiguë du produit, la recherche constante de qualité. « La volonté de bien faire tout en respectant les gens. Si on ne respecte pas les gens, on ne peut pas être respecté. »

Je suis persuadée que Pascal Tingaud est à l'opposé de ces chefs qui hurlent en cuisine ; de sa voix posée, basse, il affirme que tout lui plaît dans son travail où la gastronomie est au service du vin et non l'inverse. On déguste un Dom Pérignon 1998. « Avec un peu de caviar sur du riz gluant japonais, c'est délicieux. Le sucre du riz, le sel du caviar rehaussent le goût du champagne. » Il nous avoue son étonnement à l'occasion d'une dégustation (durant deux jours !) de caviar chez Petrossian : « Le caviar venait du même endroit, mais il n'avait pas le même goût d'une boîte à l'autre, il pouvait être plus gris, ou plus vert, plus ou moins salé… » C'est tout le contraire, bien sûr, avec le champagne Moët & Chandon. Grâce aux vins de réserve, il offre une constance de goût, qu'on le boive à Tokyo, Moscou, Bali, Hong Kong, ou à Montréal. Où Pascal Tingaud a de la famille ; un oncle qui était du débarquement avec les Canadiens s'est exilé au Québec et s'y est marié. « Je suis toujours content de revoir mes cousines quand je passe par Montréal. »

Une pause, le temps de humer les parfums qui s'exhalent du bar farci au chorizo grillé, couché sur un lit de fenouil. Je croque la peau du bar comme une croustille, je me réjouis du contraste entre la chair tendre du poisson et la texture craquante de la peau. Je ne peux m'empêcher de tremper un bout de pain dans la sauce… même si je sais qu'on nous servira ensuite du pigeon. Je m'imagine en oie gavée quand apparaissent les fromages, mais je ne les refuse pas. Ni les desserts : un irrésistible soufflé, de fondantes mignardises que je grignote tandis que Pascal Tingaud confie son intérêt pour Singapour, où la gastronomie est métissée d'influences asiatiques, océaniennes et d'un reste de culture anglaise, et où on lance souvent de nouveaux produits. Notre commensal aime manifestement voyager, ce qu'il fait l'hiver, quand le château de Saran est fermé. Il sourit en précisant qu'il apporte avec lui ses couteaux lors des banquets et des repas privés où on requiert ses services. Et un thermomètre ; pas un four n'étant pareil à un autre. On devine que certains engagements ont été rocambolesques et qu'il connaît bien le sens du mot débrouillardise. Et le trac avant un grand événement ? Il existe toujours, malgré l'expérience ? « Bien sûr. C'est Louis Jouvet qui disait que le trac vient avec le talent. » Son meilleur souvenir ? Le dégorgement d'un Dom Pérignon 1959 : chaque bouteille était dégustée par un chef de caves ou un œnologue et lui-même. Il y en avait 250 ! Son souhait le plus cher ? Que son fils soit aussi heureux que lui dans la vie, dans le métier qu'il choisira.

★

PRINCIPALES MARQUES DES GROUPES DE CHAMPAGNE

MOËT HENNESSY
Moët, Dom Pérignon, Ruinart, Veuve Clicquot, Krug, Mercier

BCC (Boizel Chanoine Champagne)
Bruno Paillard, Boizel, Chanoine, De Venoge, Tsarine, Alexandre Bonnet, Lanson, Besserat de Bellefon, Alfred Rothschild et Cie, Abel Lepitre, Pol Gessner, Gauthier, Geismann, Giesler, Massé

VRANKEN POMMERY
Vranken, Pommery, Demoiselle

LAURENT-PERRIER
Laurent-Perrier, Delamotte, Salon, Jeanmaire, De Castellane, Beaumet

PERNOD RICARD
Mumm, Perrier-Jouët

CENTRE VINICOLE CHAMPAGNE NICOLAS FEUILLATTE Nicolas Feuillatte

RÉMY COINTREAU
Piper-Heidsieck, Charles Heidsieck, F. Bonnet

T. ROEDERER & CIE
Louis Roederer, Deutz

TAITTINGER CCVC
Taittinger, Irroy, Saint-Evremond

ALLIANCE CHAMPAGNE Jacquart

GH MARTEL GH Martel, Charles de Cazanove

ALAIN THIENOT
Canard Duchêne, Alain Thienot, Jean-Louis Malard, Joseph Perrier

UNION CHAMPAGNE De Saint Gall

DUVAL-LEROY
Fleur de Champagne, Femme de Champagne

Bollinger,
maître
du pinot noir

L'ASSEMBLAGE

Le champagne est avant tout un vin d'assemblage : assemblage de cépages, de terroirs, de crus et de récoltes. Les combinaisons sont multiples, mais l'assemblage du chef de caves de chaque maison est unique. Le champagne issu d'une seule récolte, ou *champagne millésimé*, n'existe que lorsque le cycle végétatif et la vendange d'une seule année ont été parfaits. On peut alors effectivement obtenir un champagne exceptionnel. Cependant, les caractéristiques du style de vin d'une marque se reflètent davantage dans un champagne non millésimé. La tâche est d'autant plus complexe pour le chef de caves qu'il doit respecter la mémoire de la maison de champagne, c'est-à-dire le style de vin produit depuis plusieurs générations. Le chef de caves est donc un alchimiste qui s'entoure d'une équipe dont la mémoire sensorielle est exemplaire.

Dès le mois de janvier, lui et ses confrères œnologues goûtent les vins dits clairs, les vins de la dernière récolte, celle qui a eu lieu quatre mois auparavant. Ils sont rangés par cépages, par crus, par villages. La tâche est alors très délicate, puisque chaque vin n'a pas encore subi la deuxième fermentation et le vieillissement en cave. L'assemblage peut durer quelques semaines, car on goûte, on regoûte et on assemble un cru avec un autre, un cépage avec un autre, un jour dans telle proportion, un autre jour dans une autre proportion. Le talent et la sensibilité s'illustrent ici. C'est un casse-tête minutieux où chaque essai est consigné et où la délicatesse, la nervosité, la vinosité et les arômes des vins sont scrupuleusement mémorisés. Il faut de plus, et chaque fois, se projeter dans l'avenir pour évaluer et anticiper l'évolution des vins, parce que le choix final sera irréversible. Voilà pourquoi le chef de caves n'est pas seulement un œnologue, un chimiste, mais bel et bien un artiste dont la palette est composée d'arômes et de souvenirs.

Une fois qu'on a décidé de la *cuvée* à établir, on assemble les vins dans d'énormes foudres, ou des cuves d'acier inoxydable, équipés de mélangeurs qui apportent une homogénéité au vin créé.

LES VINS DE RÉSERVE

Si la Champagne rayonne par le droit au mariage de ces trois dimensions que sont le terroir, les cépages et les millésimes, ce qui fait aussi sa différence, sa diversité, son originalité et sa richesse, c'est qu'elle peut mettre une seule de ces dimensions en exergue. Ainsi, un chef de caves peut décider de n'utiliser qu'un seul cépage pour créer un blanc de blancs (chardonnay seulement) ou un blanc de noirs (pinot noir et/ou pinot meunier), il peut s'attacher également à un seul village, à un seul cru, voire à un seul clos, et finalement, il peut décider que sa création reflétera la grandeur de l'année, s'il juge qu'elle est à ce point magnifique, et ne pas l'améliorer et l'équilibrer avec des vins de réserve.

Car c'est aussi cela, le champagne : l'assemblage des vins des récoltes précédentes qu'on a conservés pour les réunir au mieux. Ces fameux *vins de réserve*, qui se reposent à l'intérieur d'écrins d'inox ou de bois, dans la pénombre des caves de brique ou de craie, forment le trésor des grandes maisons. En effet, la récolte de chaque année n'est pas utilisée dans sa totalité. Une partie du vin élaboré est entreposée par crus, dans le but d'en faire du vin vieux qu'on appelle vin de réserve. Il est utilisé par le chef de caves, qui en additionne à sa cuvée une quantité de son choix qui peut atteindre 40 % de l'assemblage. Cet apport permet d'arrondir le vin de l'année, d'améliorer sa maturation et enfin d'assurer un goût propre à la maison de champagne, donc son style. L'addition de vins de réserve crée un champagne sans année, ou *non millésimé*. Le règlement en Champagne l'oblige alors à passer au moins 15 mois en cave afin qu'il s'épanouisse en bouteille. Cependant, avant ce repos bienfaiteur, une étape cruciale s'impose pour que le vin devienne champagne : c'est le *tirage*.

LE TIRAGE

Le terme tirage désigne l'ensemble des opérations de mise en bouteille du vin tranquille obtenu à l'issue du premier cycle de vinification. C'est la champagnisation, la fameuse *prise de mousse* qui s'illustre par l'apparition du gaz carbonique et qu'on appelle la seconde fermentation. Dans la cuve, on ajoute au vin élaboré un mélange de vin tranquille, de levures et de sucre candi qu'on appelle *liqueur de tirage*. C'est en quelque sorte un levain qui est déterminant dans la qualité du futur champagne. Il est aujourd'hui très rare que la prise de mousse ne se fasse pas convenablement et qu'on doive remettre le vin en cuve. On parle alors de remise en cercles parce qu'autrefois, on remettait le vin dans des tonneaux cerclés.

assemblage des crus
cuverie chez Laurent-Perrier

cave à vins de réserve chez Roederer
raccordement d’une cuve

17-10-55

magnums
sur pointes

Jean-Hervé Chiquet a une ferme poignée de main, la démarche d'un homme qui sait ce qu'il veut et où il va. Dans l'immédiat, il nous entraîne vers la vigne, « puisque c'est là que tout commence ». La sculpture d'un aigle, hommage à Napoléon Ier, qui prisait le champagne Jacquesson, veille sur les ceps qui se tordent à perte de vue. Jean-Hervé Chiquet, dont le père, vigneron, a racheté la maison Jacquesson en 1974, n'a cure de salir ses chaussures en avançant entre les rangs pour nous montrer les touffes d'herbe qui croissent dans la vigne.

« On sème de l'herbe pour freiner la vigueur de la vigne, mais comme l'herbe crée de l'humidité, on pratique le désherbage mécanique sous le rang, on tond à une certaine période. » Jean-Hervé Chiquet nous explique comment on taille les sarments, et se félicite ensuite de l'apparition du sécateur électrique qui évite les tendinites à ses employés. Il nous confirme que c'est bien chez Jacquesson qu'a été naguère inventé le muselet, nous parle de l'importance de l'ébourgeonnage : « Il ne faut pas trop de feuillage, car le pire ennemi de la vigne, c'est la pourriture grise ». Même si Jacquesson n'est pas la plus grande maison de champagne, on devine l'ampleur du travail à effectuer sur les 42 ha où croissent les raisins destinés aux cuvées de la maison.

« On s'approvisionne en grands et premiers crus, on connaît parfaitement notre matière première, ce qui nous permet de prendre des initiatives. » Chez Jacquesson, on privilégie la qualité à la quantité, on parle de transparence : pas d'artifices, le sens des réalités. Pas de prétention, pas de fioritures : « On fait du vin. Il se trouve qu'il est ici effervescent, mais c'est du vin, comme l'est un vin en Bourgogne. » Ce qui compte, pour les frères Chiquet, c'est d'améliorer constamment la qualité de leur champagne avant le tirage. Ils y consacrent la totalité de leurs investissements. Pas d'équipe de marketing chez Jacquesson ou de publicitaires engagés pour vanter la qualité du produit, on préfère parler directement aux restaurateurs, aux revendeurs spécialisés à qui on explique clairement la démarche de la maison. Tout comme aux vignerons, dont il faut entretenir la fierté. L'argent seul ne peut les motiver à bien travailler, car ils ont moult acheteurs pour leur raisin. Je m'interroge sur le rapport entre ces vignerons qui jouissent de beaucoup d'indépendance

bouteilles sur lattes
chez Taittinger

et les propriétaires : est-il aussi égalitaire qu'il m'apparaît ? Ont-ils autant besoin les uns des autres ? Tout paraît trop beau pour être vrai dans cette région où chaque hectare disponible est exploité. Ce qui ne signifie pas qu'on augmente le nombre de ceps par rangées.

« Nous plantons à 90 cm, nous dit M. Chiquet, et nous pratiquons une viticulture traditionnaliste. Je n'ai rien contre ceux qui font autrement… mais la réponse est toujours dans le verre. Le vin est bon ou non ! »

Chez Jacquesson, on ne cherche pas à obtenir un goût boisé, on utilise donc les foudres jeunes pour les gros assemblages durant quatre ans avant de s'en servir pour stocker les vins par parcelles. On ne soutire pas et on bâtonne les lies. « Depuis 2000, on destine à la cuvée Grand Vin Signature des vins qui ne sont ni passés au froid ni filtrés avant la mise en bouteille. On pense grand vin blanc ! » Les vendanges se font à la main, le transport du raisin dans de petits paniers sur de petites distances, on utilise un pressoir vertical. Et, fait plutôt rare, on inscrit les dates de dégorgement sur les étiquettes des bouteilles.

Nous goûtons la Cuvée 730, au parfum de fleur de pommier, d'aubépine et de tilleul, au goût de poire bien mûre, puis le Dizy Corne Bautray, un premier cru à 100 % chardonnay qui est très frais avec une fine odeur de pierre, minéral. La vivacité semble définir les champagnes Jacquesson ; on la retrouve dans la cuvée Avize Grand Cru 1996, qui sent le noyau de prune jaune et le citron vert, et dans le Grand Vin Signature Rosé 1996, mordant, quasiment impertinent, à l'arôme de fraise des bois qui me donne l'impression de croquer dans une grenade. L'Avize Grand Cru 1996 est légèrement beurré, avec une touche d'iode ; j'ai immédiatement envie de manger des fruits de mer pour l'accompagner.

Dès que je quitte la salle de dégustation où Mme Chiquet nous a rejoints, dès que je retrouve le froid de février, j'oublie ce désir de crustacés disposés sur un lit de glace concassée et je me réjouis de manger des plats plus roboratifs à la boutique-bistrot où nous conduit M. Chiquet. Le Verre de l'Ange appartient à son beau-fils Anthony, qui a un bonheur manifeste à discuter de vins avec Guénaël et à lui présenter ses coups de cœur. L'endroit est simple, l'humour est bienvenu. Il faut vraiment prendre le temps de lire les notes de dégustation instructives et amusantes qui accompagnent les bouteilles empilées dans de grands paniers d'osier, couchées dans des niches. La passion comme la modestie sont évidentes. « Je ne suis pas un chef, dit Anthony, mon travail est dans la recherche des meilleurs produits du terroir. » L'assiette de charcuterie est splendide : jambon du pays, « cousin » d'un serrano par son goût de châtaigne, rondelles de saucisson, de chorizo et fromage de tête qui ressemble à la tête fromagée que préparait ma grand-mère. On se sent en famille, on rompt le pain à la main, on se passe le ravier où je découvre un ail confit qui a le parfum de l'ail sans ses effets. On trinque, on déguste cette fois le Grand Vin Signature 1990, au fruit net, qui prouve bien qu'il n'est pas interdit de jumeler un plat canaille (un carré de porc tellement tendre !) avec le champagne. On est en démocratie !

L'ÉLEVAGE

Les bouteilles sont alors remplies de la cuvée, puis on les bouche provisoirement avec une capsule métallique munie d'un opercule en polyéthylène creux qu'on appelle *bidule*. Celui-ci garantit en partie l'étanchéité à l'air et à la pression, tout en servant de réceptacle au dépôt de levures à la fin du remuage. La seconde fermentation débute à ce stade et dure de six à huit semaines. Les bouteilles sont stockées en cave à une température constante comprise entre 9 et 12 °C. L'action de stocker les bouteilles s'appelle l'*entreillage* : les bouteilles sont disposées horizontalement, empilées sur des lattes de bois qui permettent d'éviter un effondrement éventuel de l'ensemble dans le cas où l'une des bouteilles éclaterait sous la pression extérieure.

La *maturation sur lies* suit la prise de mousse. Les levures, en se nourrissant du sucre, engendrent de l'alcool et du gaz carbonique. C'est ainsi qu'elles meurent progressivement en s'autolysant. L'étanchéité de la capsule ne doit pas être parfaite, car tandis qu'un peu de gaz carbonique s'échappe de la bouteille, de l'oxygène pénètre à l'intérieur, ce qui assure des arômes de plénitude. Un dépôt de levures mortes se forme donc, qu'on éliminera plus tard. L'augmentation de la pression à l'intérieur de la bouteille, dont la norme pour le champagne est de 6 kg/cm^2, est importante au départ, mais elle se réduit au bout de huit semaines. La durée de cette maturation sur lies peut être de plusieurs dizaines d'années, selon la constitution des vins et les choix du chef de caves. Cependant, la législation champenoise est très stricte : le tirage ne peut avoir lieu qu'à partir du mois de janvier, et il doit s'écouler au moins 15 mois avant l'habillage de la bouteille, dont 12 mois où les vins restent sur leurs lies. Pour un champagne millésimé, ce délai est de trois ans. Mais dans les faits, il faut savoir que la plupart des maisons de champagne laissent leurs vins non millésimés sur lattes durant deux à trois années et leurs cuvées millésimées en cave durant quatre à huit ans, voire plus.

LE REMUAGE

Le principe du remuage est simple : tout en redressant progressivement la bouteille de l'horizontale à la verticale, on la tourne d'un huitième ou d'un quart de tour vers la droite

bidule
remueur vérifiant le dépôt
bouteilles sur pointes

entreillage
dépôt

repérage avant remuage
gyropalettes

ou la gauche. Le dépôt de lies va alors converger uniformément vers le goulot. Le culot est alors marqué d'un trait de repérage afin que le remueur ne soit pas désorienté dans son travail, car une bouteille est remuée une vingtaine de fois par mois. Ce travail simple est pourtant usant, entraînant des tendinites du poignet. Un remueur peut tourner 40 000 à 50 000 bouteilles par jour!

Si le champagne d'aujourd'hui est limpide et dépourvu de tout résidu, cela n'a pas été le cas jusqu'au début du XXe siècle. Entre sa naissance, il y a trois siècles, et la maîtrise technique parfaite de sa vinification et de son embouteillage, il a toujours été servi et présenté directement dans un verre. Il fallait donc éviter au consommateur la vision étrange et repoussante de «cette espèce de sable léger», comme Nicole-Barbe Ponsardin, plus connue sous le nom de Veuve Clicquot, nommait ce dépôt. On doit la création du pupitre à bouteilles, au cours du Premier Empire, à cette femme de caractère.

Ce support de bois reçoit 120 bouteilles inclinées grâce à des ouvertures en biseau dans ses deux plans de bois inclinés. On dit que la grande dame a eu cette idée ingénieuse en perçant sa table de cuisine pour y entreposer ses bouteilles retournées, car elle était obsédée par les sédiments qui rendaient ses vins flous. La descente et la concentration des levures dans le goulot, avant de procéder à leur évacuation, étaient donc primordiales. C'est en fait son chef de caves, Antoine de Müller, qui invente et perfectionne le remuage systématique en perçant des trous biseautés dans de lourds panneaux de bois qu'on adosse aux murs des caves. Le pupitre champenois tel qu'on le connaît aujourd'hui sera utilisé à partir de 1840.

Cette étape de la fabrication du champagne est composée du *pointage* – la phase où les bouteilles sont logées à un angle de 35 degrés environ dans les trous du chevalet –, du *remuage* et du *dépointage*. Cette dernière phase consiste à reprendre les bouteilles pour les stocker la pointe (le goulot) en bas. Le col de chaque bouteille est placé dans le culot de la bouteille inférieure. On parle alors de *masse* en attente de dégorgement. Les bouteilles sont calées au sol entre deux murs, dans une niche ou dans un couloir de cave. La tête des bouteilles de la première rangée repose sur le sol. Cinq ou six rangées s'empilent ainsi les unes sur les autres, la tête de chaque bouteille calée dans le culot de la bouteille inférieure.

Avec la fabrication de levures plus lourdes, durant les années 1950, et surtout la production qui s'accrût considérablement, il a fallu inventer un système de remuage fiable, à la fois efficace et rapide. Ainsi fut créé, en Champagne, dans les années 1970, la *gyropalette* ou le gyro : un système de remuage automatique et programmable qui permet de faire subir aux bouteilles le même mouvement, aussi rigoureux qu'un remuage manuel. Aujourd'hui utilisée partout dans le monde du vin mousseux, c'est une caisse-palette qui reçoit 504 bouteilles à la fois, empilables sur deux faces perpendiculaires, avec une position couchée pour la prise de mousse et une position sur pointe pour la concentration du dépôt. Ce système est né de l'évolution technologique d'autres procédés toujours utilisés. D'abord le rotopal, un conteneur métallique carré dans lequel 297 bouteilles sont inclinées à angle fixe et dont le mouvement d'un huitième de tour est assuré manuellement par un pivot au centre du dispositif. Le champarex accueille pour sa part 183 ou 381 bouteilles dans un conteneur hexagonal métallique à rotation manuelle et inclinable. Enfin, le pupimatic est un système électrique et programmable composé de panneaux verticaux percés de 240 ouvertures pour les bouteilles. Ces ouvertures rotatives et inclinables assurent la remontée progressive des bouteilles.

MAREUIL SUR AY
CHAMPAGNE
PHILIPPONNAT

Teotihuacan ! Le vertige que j'avais ressenti en gravissant les pyramides, au Mexique, était à peine plus angoissant que celui qui me paralyse au pied du Clos des Goisses, mais je me secoue. Je ne veux rien perdre des propos captivants de Charles Philipponnat et je gravis les marches d'un des escaliers construits par son grand-oncle en me demandant combien de victimes a fait ce clos si pentu, le plus incliné de toute la Champagne. Et sûrement le plus envié : ce dénivelé qui frise les 45 % (et qui exige trois fois plus de travail qu'un clos normal) est unique et lui apporte un ensoleillement exceptionnel. Les 5,5 ha du Clos des Goisses produisent des vins d'une facture particulière par leur situation géographique et par le soin qu'y apporte constamment M. Philipponnat. Cet homme m'émeut quand il se penche sur les ceps, caresse les tiges avec un affectueux respect; il aime manifestement la terre, la ménage, la dorlote. Au Clos des Goisses, on renouvelle un demi-hectare de vignes par année. Il y en a de tous les âges, chez Philipponnat, certaines atteignent même l'âge vénérable de 60 ans. Je m'étonne qu'elles puissent toujours être productives.

« Pourquoi pas ? proteste Charles Philipponnat. Elles sont comme les personnes âgées, certaines conservent leurs facultés très très longtemps. Les vieilles vignes en santé stockent plus d'énergie, plus de sucre dans leur bois. »

Désignant des rosiers, je m'informe sur la véracité d'une lecture : on planterait souvent ces arbustes, car c'est à eux que les insectes s'attaquent en premier. M. Philipponnat a un sourire malicieux en balayant cette thèse; les rosiers sont là pour faire joli… « Un bon vigneron inspecte sa vigne et sait quand elle est malade. » Il ajoute qu'on utilise maintenant au Clos des Goisses des diffuseurs de confusion sexuelle. Pardon ? Oui, on pose de petites capsules sur quelques ceps afin que les insectes mâles ne puissent reconnaître les femelles, les féconder, croître, se multiplier et dévorer la vigne. Je n'ose pas demander si la technique s'étend aux 20 ha que possède la maison Philipponnat, aux 40 autres où on achète du raisin, surtout du chardonnay et du pinot meunier. Charles Philipponnat parle des parcelles en insistant sur l'importance de marquer le caractère du terroir, la spécificité de chaque région. Irait-il jusqu'à faire un champagne en utilisant seulement du pinot noir? « Non, le chardonnay apporte une belle attaque et de la longueur. D'accord pour un blanc de blancs, mais le blanc de noirs demeure trop rustique. » Je suppose qu'il serait pourtant très bon, comme tout ce que je goûterai ultérieurement.

Dans l'immédiat, il faut redescendre sans me ridiculiser. Je m'efforce de ne penser qu'à mes pieds, qu'au soleil qui me dore les épaules et me fait oublier la fraîcheur commune à toutes les caves et cuveries que nous visitons; c'est pour le bien du champagne qu'on doit conserver une température qui ne dépasse pas les 12 °C. Avant de descendre à la cave, nous observons le dégorgement à la volée qui se pratique toujours, chez Philipponnat; on utilise cette méthode pour quelques centaines de bouteilles par année. Une machine à dosage vieille de 100 ans attire notre attention, tout comme un appareil muni d'une longue tige pour mater les bouchons récalcitrants. Dans la cuverie, Guénaël, Charles Philipponnat et un acheteur japonais discutent de vitesse de pression (des grappes entières, pas éraflées), de macération, d'assemblage malolactique partiel, de la fermentation alcoolique. Pour moi, tout est complexe, et si j'aime me familiariser avec tous ces termes, je ne tiens pas à percer le mystère qui enveloppe le champagne. Le labyrinthe des longs couloirs obscurs, à peine éclairés par des ampoules vacillantes, me charme encore par son aura fantastique.

Je ne serais pas du tout surprise de croiser des fantômes, des spectres qui auraient succombé à l'enchantement des bulles et ne pourraient plus s'en passer. S'ils nous suivent, ils apprendront que le bidule n'est pas un mot vague, comme je l'ai toujours cru, mais l'objet qui sert à régulariser le dégorgement mécanique, que les microorganismes appelés levures sont blancs au début de la fermentation pour virer au brun après des mois, des années de repos, et qu'une bouteille où le dépôt s'est mélangé, une bouteille trouble, est qualifiée de bouteille « bleue ». Celle que saisit M. Philipponnat trouble plutôt mon esprit : elle date de 1974 et nous allons la déguster ! Auparavant, on ouvre la cuvée Grand Blanc 1999, un champagne brut très tendre, au parfum d'acacia, de fleur d'aneth, au goût très fin de pâtisserie, au collier de bulles satinées comme des perles. Puis c'est le fameux Clos des Goisses 1992, rond, aux notes olfactives de sous-bois, de pain grillé, de truffe, de moka. Et la Cuvée 1974, un pur chardonnay, l'ancêtre du Grand Blanc, qui fleure bon la crème et les coquillages, le pain légèrement brûlé, très équilibré, comme les précédents, et dont la mousse superbe indique qu'il n'a rien perdu de sa fraîcheur, malgré ses 32 printemps… Tandis que je goûte, émerveillée, et me tais, j'entends Charles Philipponnat affirmer que 50 cl de vin par jour est très bon pour la santé. J'ajouterai… quand le vin est bon, précisément.

Et il l'est, au restaurant La Briqueterie, à Vinay, où nous sommes conviés. Comme tous les plats qu'on nous y servira. J'oublie mon agacement en constatant qu'on remet encore aux femmes des menus sans prix (!) pour me concentrer sur mon choix : un millefeuille de boudin noir et pomme fruit accompagné d'un petit chou farci de chair de porc. C'est coquin, sapide, très réussi et ne jure aucunement avec la cuvée Royale Réserve qu'on vient d'ouvrir. J'apprécie tout autant le lapin, les rattes farcies au foie gras et l'attitude bienveillante des autres convives, qui acceptent avec enthousiasme de goûter à mon plat et de me faire goûter aux leurs. Tout est exquis, à l'image de cette journée lumineuse, claire et douce comme du miel, j'écrirais même intime. Je regrette que mon amoureux soit si loin et n'ait pu partager ces moments avec moi. Tsutomu Matsuda m'apprend que « je t'aime » se dit *aïchitemas* en japonais. Peut-on le dire aussi à un champagne?

CLOS DES GOISSES
PHILIPPONNAT
"PETITS CINTRES"

dégorgement
à la volée

LE DÉGORGEMENT

Lorsque toutes les levures mortes sont concentrées dans le goulot, on procède au *dégorgement*, c'est-à-dire à l'expulsion du dépôt sous l'effet de la pression. Jusqu'à la fin du XIXe siècle, le dégorgement se fait *à la volée*. On maintient la bouteille à la verticale ou légèrement inclinée sur l'avant-bras, le goulot vers le sol et le culot coincé dans le creux du bras, et, tout en emprisonnant le bouchon à agrafe ou la capsule avec une pince à dégorger, on redresse rapidement la bouteille en prenant soin d'observer la bulle de gaz carbonique qui arrive au niveau du dépôt, car c'est elle qui va le pousser et l'expulser au moment de l'ouverture. On contrôle ensuite la limpidité du vin et son odeur, puis on transfère la bouteille pour le *dosage*. Cette opération, qui demande évidemment de l'expérience, est toujours maintenue pour les cuvées dites de prestige. Pour les cuvées traditionnelles, on dégorge «à la glace». En effet, le dégorgement à la volée présente des inconvénients. Si la bouteille est relevée trop tôt, le dépôt se remélange au vin, et si, au contraire, elle n'est pas assez relevée, une trop grande quantité de vin se trouve expulsée avec le dépôt.

C'est Armand Walfart qui, en 1884, dépose le brevet de dégorgement *à la glace*, et c'est la maison de champagne Henri Abelé qui, confiante, l'utilise en premier pour ses bouteilles. On congèle le col des bouteilles dans un bac réfrigérant empli de saumure maintenue à une température constante de -25 °C. Il se forme au bout d'une minute un bouchon de glace de 4 cm environ qui emprisonne le dépôt. On redresse alors la bouteille pour la décapsuler et, sous la pression, seul le glaçon de dépôt est expulsé. Ce procédé est propre, économique et efficace. Alors que 600 bouteilles peuvent être dégorgées à la volée en une heure, le dégorgement à la glace permet à 16 000 glaçons d'être évacués dans le même temps!

Curieusement, le vin ne mousse pas au moment du dégorgement, car une sursaturation gazeuse s'est établie dans le flacon pendant la prise de mousse à basse température. Cependant, si la paroi de la bouteille subit un choc, la sursaturation gazeuse fait exploser la bouteille, qui peut se vider complètement «en gerbe». Le dégorgement à la glace est aujourd'hui mécanisé. Depuis le remuage jusqu'à l'habillage de la bouteille, en passant par le dosage et le bouchage final, c'est sur des chaînes automatisées et informatisées que les maisons de champagne travaillent désormais. Selon la production d'une maison, de 5000 à 20 000 bouteilles peuvent être prêtes à la commercialisation en une heure seulement!

Certaines maisons apposent la date du dégorgement sur la contre-étiquette de la bouteille, parce qu'on considère qu'un champagne est prêt à boire quelques années après celui-ci (entre quatre et sept années). Pourquoi? Parce que c'est le temps nécessaire à son ultime repos, après les dernières étapes (dégorgement, dosage, bouchage, habillage et commercialisation) qui ont été finalement rapides et brusques, au regard des autres phases de son élaboration. Certes, tous les champagnes sont consommables dès qu'ils sont commercialisés, mais les amateurs aiment le goût du temps, qui apporte aux vins profondeur, subtilité, sérénité et sagesse, un peu comme aux hommes. Du moins, à certains d'entre eux…

De vastes bâtiments carrés, impersonnels et des grilles tout autour, un cerbère à l'entrée qui nous indique d'un ton ferme où on doit garer la voiture. Il fait son travail, je sais, mais l'accueil que nous recevons à l'intérieur de la forteresse Heidsieck est tellement différent que j'en reste interloquée. Catherine Curie (ambassadrice de la marque), avec son sourire si enjoué et ses magnifiques bijoux, et Alexandra Rendall (directrice des relations publiques internationales), Franco-Anglaise qui a hérité du meilleur des deux mondes, aussi fine et gracieuse qu'une danseuse étoile, nous reçoivent avec une joyeuse décontraction. Nous savons que Charles Heidsieck et Piper-Heidsieck se classent parmi les premières maisons de champagne du monde et la taille démesurée des cuves qu'on nous montre rapidement le confirme. Jamais nous ne sentirons d'arrogance dans l'attitude de ces jeunes femmes, de Thierry Roset, chef de caves, ou de Régis Camus, directeur et œnologue, seulement un enthousiasme très contagieux et une grande fierté à élaborer ces champagnes si appréciés. Avec des raisins récoltés sur 1000 ha! Dont le jus est conservé dans 188 cuves et assemblé dans des cuves géantes de 400 000 hectolitres qui ont été conçues expressément pour Heidsieck, et dont les pièces ont été apportées par hélicoptère.

C'est une usine de métal où les hommes, vus de la passerelle du haut, ressemblent à des figurines. Il n'y a aucun fût : «Le champagne a assez de matière en lui-même sans y ajouter du bois.» Le bois, on le trouve dans la salle de dégustation, un bois blond, doux, chaud qui contraste avec les géants d'acier que nous venons de quitter. Une grande table où s'alignent des groupes de 12 verres, des carnets de dégustation. J'ignore alors que je vais vivre un des moments les plus instructifs de notre voyage : nous goûterons les vins qui feront les prochains champagnes dès la première étape de leur vie, alors qu'ils sont encore des vins tranquilles. Deux chardonnays 2005, qui viennent de Sézanne et de Chouilly, le premier au goût de guimauve, de grosse prune jaune, le second, plus fin, au parfum de seringa. «Quand les citernes arrivent ici, commente Régis Camus, tous les échantillons sont dégustés par plusieurs personnes. Et à des stades différents.» Comment fait-il pour savoir qu'on gardera tel ou tel vin pour les cuvées

Piper-Heidsieck ou les cuvées Charles Heidsieck? Les hommes sourient avant de nous faire goûter aux pinots noirs tranquilles : l'un provient d'Ambonnay, l'autre de Bar Fontaine. Ils nous parlent d'intuition, de connivence, d'entente. Chaque jour, dans cette salle, il y a une «communion» : toute l'équipe se réunit pour goûter et regoûter les vins, partager des impressions et vérifier les intuitions. Et s'amuser. On sent un réel plaisir chez nos hôtes qui comparent une année de champagne à une année scolaire.

«En septembre, nous raconte Thierry Roset, on rentre pour les vendanges; à la Toussaint, pendant la fermentation, on a un petit répit, puis suivent les dégustations. Elles se multiplient comme les examens… jusqu'aux vacances de Noël (bien méritées!). C'est ensuite le retour des Fêtes, on redéguste les vins qui se sont reposés durant ces huit jours. Au cours du deuxième trimestre, on peut déguster les vins jusqu'à trois fois par jour pour affiner l'assemblage.»

Dans quelle proportion seront dosés ces chardonnays, ces pinots noirs que nous venons de déguster et ces pinots meuniers – toujours tranquilles – qu'on vient de verser dans nos verres? Le premier vin est plus doré que le deuxième, au parfum de poire fraîchement cueillie. Ils ne seront utilisés ni l'un ni l'autre dans les vins de réserve, car le pinot meunier évolue trop vite. Deux vins assemblés seront ensuite goûtés : goût de cerise et d'amande pour l'un, de pamplemousse rose pour l'autre. À quoi ressembleront ces vins tranquilles quand ils seront effervescents? Lequel sera du type «Piper», lequel tiendra du «Charles»? C'est de la magie… «Oui : 1 + 1 n'égale pas 2, confie Régis Camus. Quand on assemble les vins, la somme de tous les ingrédients est supérieure à ce qu'on pouvait espérer!» Et il ne s'agit pas seulement de matières premières, la passion et le savoir-faire sont aussi présents. La complicité, l'excitation. Thierry Roset parle de sa fébrilité à la veille des vendanges. «Une année commence. Quelles surprises nous réservera-t-elle?» Il aime l'automne et l'hiver pour leurs odeurs.

«Mon métier me comble. Pour moi qui n'étais pas à l'aise à l'école, l'œnologie était ce qui pouvait me convenir le mieux; durant mes études en œnologie, je n'avais pas l'impression d'apprendre mais de compléter, d'alimenter mon penchant pour la gourmandise.»

couloir
de cave

crayères de
Charles Heidsieck

Je n'ose lui demander s'il préfère la Cuvée Rare de Piper-Heidsieck, aux parfums de réglisse, de cardamome, de pierre, et au goût de poire, ou le Blanc des Millénaires 1995 de Charles Heidsieck, à l'époustouflant arôme de pain grillé, d'aneth frais, si rond, si sensuel, irrésistible. C'est celui qui me plaît le plus, même si je suis très curieuse de goûter la Cuvée Royale 1981, une bouteille qui n'existe plus sur le marché et dont la plaque du muselet est très convoitée par les collectionneurs. La robe est d'un or soutenu, le vin exhale l'abricot, le café, la morille, le pruneau.

Je reste fidèle au sublime Blanc des Millénaires 1995 qui accompagnera notre repas au restaurant Le Grand Cerf, à Villers-Allerand, où le chef nous a donné la recette des langoustines grillées au couscous de chou-fleur. Cette entrée savoureuse, où perce une pointe de gingembre et de citron vert, est d'une fraîcheur toute printanière et me permet de déculpabiliser avant d'attaquer les ris de veau aux châtaignes nappés de sauce aux truffes. Je me laisse bercer dans ce cadre si douillet, où Thierry Roset et Catherine Curie se font les meilleurs ambassadeurs de Piper-Heidsieck et de Charles Heidsieck, maisons où on produit 10 millions de bouteilles par an. Les rires éclatent autour de la table comme les bulles très fines d'un merveilleux champagne.

Je repense à l'histoire de la famille Heidsieck : à Christian, le neveu du fondateur Florent-Louis Heidsieck, qui créa sa propre maison de champagne en 1851. À sa mort, sa veuve épousa Henri-Georges Piper, qui fit connaître la marque dans les cours d'Europe. Leur fils commanda à Fabergé une composition d'or et de diamant pour orner la cuvée centenaire de 1885. Quelques années auparavant, un autre neveu de la famille, Charles Heidsieck, avait vécu en Amérique des aventures si rocambolesques qu'on en a tiré un film avec Hugh Grant. Je suppose que l'acteur britannique n'a pas refusé de boire du champagne pour s'imprégner de son rôle. La célébrissime Marilyn Monroe penchait, elle, pour le Piper. Quant à moi, mon cœur balance…

LE DOSAGE

Initialement, le dosage est l'opération qui consiste à adoucir le vin mousseux définitivement élaboré, parce qu'au cours de sa seconde fermentation, il a perdu son sucre. Autour de 1830, la clientèle du champagne aimant dans ce vin la combinaison de l'onctuosité et de l'effervescence, les maisons systématisent l'adjonction de sucre avant de boucher les bouteilles. En effet, le champagne est alors un vin de dessert, concurrent du porto ou du xérès en Grande-Bretagne malgré tout ce qui l'en distingue. Cette concurrence pousse les aubergistes londoniens à demander aux Champenois des vins plus secs à proposer au cours du repas. Il faut attendre le milieu du siècle pour voir une tendance pour le champagne «dry» se dessiner outre-Manche. Le consommateur français ne répondra à ce nouveau goût que vers la fin du même siècle. Durant la seconde moitié du XIXe siècle, les maisons expédient des cuvées dites «sec» à certains de leurs clients, sans doute dans le but de les éduquer à cette tendance, mais le champagne restera en général très édulcoré.

On raconte qu'Édouard VII, dans les années 1870, aurait été converti au champagne sec grâce aux vins de la maison Ayala. La mention des catégories n'est alors pas officiellement établie et, si l'on voit sur le marché les termes «extra sec», «très sec» ou «sec», la sucrosité du vin peut être très différente d'une maison à une autre, et cela pour la même catégorie.

Par ailleurs, la catégorie dite «brut» désigne à cette époque un champagne qui vient d'être dégorgé. Rarement vendu, il était d'abord consommé par les ouvriers des maisons alors qu'il était vineux, charpenté et puissant. Pourtant, dans les années 1880, certains négociants comme Moët & Chandon, Pommery et Greno, De Saint Marceaux, Pfungst ou G.H. Mumm expédient en Angleterre des bouteilles étiquetées «brut» malgré le fait qu'elles soient dosées jusqu'à 30 g de sucre! Il faut attendre la fin de la Première Guerre mondiale pour voir ces catégories supplanter les autres, les traditionnelles «full» et «full rich», comme on les appelait.

On dit que le dosage est la signature secrète de la maison de champagne, mais je pense que ce sont toutes les étapes de l'élaboration de ce vin qui forment chaque lettre d'une signature. Le dosage marque en fait la dernière touche artistique avant le bouchage. La liqueur de dosage (ou d'expédition) est composée du même vin, celui de l'année, et de sucre de canne. Elle peut aussi être constituée de vins très vieux qui apportent de la complexité et des arômes particuliers. La quantité de sucre de canne détermine la catégorie du champagne. Généralement, le champagne destiné à vieillir est peu dosé, car c'est le temps qui lui apportera de la rondeur. La catégorie «brut» (moins de 15 g de sucre) représente 90% du champagne actuellement sur le marché.

BOUTEILLE, BOUCHON ET MUSELET EN CHAMPAGNE

Avant que Louis Pasteur n'éclaire de ses découvertes le monde biochimique, la liqueur de tirage était ajoutée de façon empirique. Elle provoquait une casse considérable de bouteilles (environ 80% vers 1830). Même si les progrès dans la fabrication du verre furent considérables au cours des deux siècles précédents, on protégeait toujours les bouteilles avec un clissage en osier au moment de les remonter de la cave au salon. Quant au champagne, il était servi dans un verre sans que le convive ait vu le flacon embrumé de dépôts. Si le repas était moins cérémonial, on plaçait les bouteilles dans un meuble rempli de glace et les convives en disposaient à leur gré.

Les Britanniques s'imposant comme les plus importants négociants en vins, qu'ils soient de Bordeaux, de Bourgogne ou de Champagne, il leur fallait trouver des solutions adéquates pour un transport plus adapté et un meilleur entreposage des bouteilles. Après avoir renforcé le verre par la chauffe au charbon et l'emploi du manganèse, ils mirent au point la fabrication en série de bouteilles au milieu du XVIIe siècle. Le procédé

s'améliora au fil des décennies et il fut repris en France, un siècle plus tard, par les verriers de la Picardie qui fabriquèrent alors des bouteilles pour les maisons champenoises. Elles étaient désormais faites d'un verre noir, épais et lourd. Irrégulières, elles avaient la forme d'une bourse ou d'un oignon, comme celles qu'utilisaient les commerçants anglais pour le porto. Le tableau de Jean-François De Troy intitulé *Le déjeuner d'huîtres* et datant de 1735 en est un splendide témoignage.

Cependant, le vin muté du Douro ne développait pas de gaz carbonique comme le vin sec de la Champagne. Dans les caves des maisons rémoises, les explosions dues à la pression dans les flacons furent fréquentes jusque dans les années 1920. Malgré le port obligatoire de tabliers de cuir et de masques protecteurs, on déplorait fréquemment des décès parmi les ouvriers. En 1930, on fabrique encore 50% des bouteilles à la main, même si le procédé de fabrication à la machine a été mis au point six ans plus tôt.

De nos jours, grâce aux recherches menées tout au long du XXe siècle par les industries du verre et du bouchon, conjointement avec des scientifiques en biochimie, une bouteille conçue pour un vin effervescent d'appellation champagne pèse 990 g et peut résister à une pression de 20 atmosphères.

Le succès du champagne est dû à la fois à l'amélioration du verre des bouteilles et à l'utilisation du liège qui les bouche. Jusqu'au règne de Louis XV, la bouteille est bouchée par un broquelet (une cheville de bois garnie de filasse de chanvre et graissée avec du suif) qu'on fixe par une ficelle cerclant le goulot. Les moines d'Espagne donnent à leurs confrères du nord l'idée d'utiliser des cônes de liège, plus hermétiques. Tout au long du XIXe siècle, et jusque dans les années 1940, la recherche pour fabriquer de meilleurs bouchons et des bouteilles plus solides sera déterminante. L'idée de la plaque et du muselet s'est développée simultanément, par nécessité.

Les premiers bouchons étaient maintenus par de la ficelle de chanvre qu'on posait à la main en l'entrecroisant. Cependant, entre les rongeurs, dans les caves, qui rognaient le lien et ce même lien qui s'enfoncait dans le bouchon qui remontait à cause de la pression dans la bouteille, il fallait trouver rapidement une solution. En 1835, Adolphe Jacquesson succède à Memmie Jacquesson en tant que négociant à Châlons en Champagne. Ses vins sont déjà célèbres, car ils ont été servis à l'occasion du mariage de l'empereur Napoléon Ier avec l'archiduchesse Marie-Louise d'Autriche. Particulièrement brillant, on lui doit la plantation des vignes en ligne et le système de mesure des sucres par densité avec le pharmacien Jean-Baptiste François. En 1844, il dépose un brevet consistant à intercaler une rondelle métallique entre le bouchon et le fil du lien. Tous les placomusophiles du monde entier peuvent l'en remercier, aujourd'hui!

Deux ans plus tard, un système d'agrafage qui maintient le bouchon de liège du tirage est breveté. En effet, la capsule couronne étant encore inconnue, on utilisait alors le liège pour cette étape du tirage. Ces créations en appelant d'autres, on améliore l'opération de ficelage grâce à une machine à ficeler créée par Nicaise Petitjean et appelée «cheval de bois».

La cordelette sera remplacée par du fil de fer, et c'est en préformant celui-ci que le muselet sera finalement inventé. Les premiers muselets sont fabriqués vers 1880, tandis que le ficelage est toujours conservé, car, en fait, les muselets sont d'abord posés par-dessus la ficelle. Lorsque les machines à poser les muselets deviennent fiables, on abandonne la ficelle. Jusque dans les années 1950, le système de fabrication de la plaque évolue et s'améliore considérablement.

La bouteille, une fois muselée, subit le *piquetage* ou le *poignettage* : elle est vigoureusement agitée afin que la liqueur s'intègre parfaitement au vin.

La plus anciennes maisons de champagne ! La famille Ruinart s'est fixée à Reims en 1470. On y fut drapiers de père en fils jusqu'en 1729, au moment où Nicolas Ruinart, écoutant les conseils de son oncle, dom Thierry Ruinart, qui connaissait les travaux du moine dom Pérignon et devinait que le vin «saute-bouchon» pourrait bientôt plaire, commença à joindre des bouteilles de champagne aux envois de tissus à sa clientèle. L'ancêtre du cadeau d'entreprise? L'engouement fut tel que son fils Claude acheta 24 crayères et se consacra uniquement au vin effervescent qui fera sa renommée. Son fils Irénée sera même maire de Reims et accueillera Charles X, dernier roi de France à être couronné dans la cathédrale. Le champagne Ruinart fut d'ailleurs le vin des rois avant de devenir le roi des vins… Les descendants de Nicolas Ruinart sont décidément des hommes d'initiative : André Ruinart de Brimont crée le prix Ruinart, qui sera remis en 1910 au vainqueur de la deuxième traversée de la Manche en avion léger, Jacques de Lesseps, le cadet de Ferdinand de Lesseps, qui construisit le canal de Panama.

Le prix Ruinart existe encore aujourd'hui, mais il salue maintenant tous les deux ans les étoiles européennes de la sommellerie. Il a souvent été décerné dans ces crayères que j'ai visitées pour la première fois en 1983, invitée par le Festival du roman policier, qui donnait un dîner au champagne que je n'ai jamais oublié. Tout un repas au champagne m'impressionnait davantage que la présence d'auteurs que j'admirais pourtant depuis longtemps. J'appréciais le style sobre de l'étiquette, je comparais les robes paille ou saumonées des champagnes, magnifiées par les lueurs des flambeaux qui éclairaient les crayères. Je pensais aux Romains, les premiers à creuser aussi profondément ce sol, et à tous les hommes qui avaient peiné pour extraire la craie qui servait alors à la construction. Délaissées un temps, lorsqu'on découvrit des matériaux plus solides, elles font l'orgueil de la maison avec leurs 24 m de profondeur et les trésors qu'elles recèlent. Autrefois fermées au public, elles ont récemment ouvert leurs portes pour la tenue de repas gastronomiques, une fois par mois, le dimanche midi, où l'harmonie des mets avec les vins répond à un thème précis : les fleurs, la mer, la truffe…

clocher de l'abbaye
d'Hautvillers

J'écris «fermées au public» pour signifier qu'il n'y a pas des dizaines de cars de touristes dans la cour, mais on accueille tout de même 24 000 visiteurs par année chez Ruinart. Journalistes, acheteurs, sommeliers et célébrités manifestent leur intérêt pour cette institution vénérable.

Vénérable mais dynamique, à l'image du chef de caves Jean-Philippe Moulin, qui sait trouver l'image juste pour exprimer les différences entre les champagnes qu'il nous fait déguster. La cuvée Ruinart Blanc de Blancs, le vin de la convivialité, des fins d'après-midi entre amis, est friand, citronné, printanier, moins floral que la cuvée R de Ruinart, qui me rappelle les pivoines de mon jardin, fait de chardonnay (40%) et de pinot noir (60%). «On n'utilise pas de pinot meunier, plus velouté, car on cherche plutôt le côté aérien.» Quant aux Dom Ruinart, en dégustation verticale (par succession de millésimes), le chef de caves les compare aux monuments parisiens. Le Dom Ruinart 1996, une année qui met du temps à s'ouvrir, «c'est l'Arche de la Défense : c'est puissant, mais on voit à travers». Il me semble plus exotique, avec ses arômes de litchi et d'ananas. Et minéral, alors que le Dom Ruinart 1993 fait honneur à la tour Eiffel, délicat, léger, élancé. On salive en songeant qu'il conviendrait parfaitement à un brick aux fruits de mer, une truite aux amandes, des tuiles de parmesan. Le Dom Ruinart 1990, au goût de pruneau, de figue, d'humus, accompagnerait merveilleusement un risotto aux cèpes et pourrait être représenté par l'Arc de Triomphe, plus carré. Enfin, le Dom Ruinart 1988, couleur or 24 carats, qui rime avec moka, rappelle la Pyramide du Louvre, une ligne impeccable, nette, solide, et pourtant empreinte de légèreté. J'ose associer intérieurement le Dom Ruinart Rosé 1990 à la Sainte-Chapelle, dentelle de pierre et de lumière, alors que notre hôte décrit le rosé 1988 comme un coucher de soleil sur le Grand Canyon. Pourquoi pas? Le champagne invite à la fantaisie, tout en obéissant à une grande rigueur. Je demeure mystifiée, malgré de nombreuses explications, par la capacité à donner un style au champagne, année après année.

«Le secret du Dom Ruinart? C'est comme une robe de grand couturier : la coupe et le tissu correspondent à l'année et à l'assemblage, le dosage est l'accessoire qui donne une touche particulière au vin. Le style Ruinart, c'est la pureté. Il n'y a pas de maquillage, pas de boisé, que la beauté du raisin, sans rien ajouter.»

Hormis un travail minutieux du chef de caves et des choix judicieux! On complexifie les champagnes en travaillant avec de grands blancs qu'on a laissé vieillir. La stratégie est excellente et me permet de vérifier notre postulat de départ : on peut marier une infinité de plats avec le champagne, dont des dumplings, ou ces nems que je choisis Au Petit Comptoir, un restaurant au décor contemporain qui me rappelle que la maison Ruinart se passionne pour l'art moderne. On aime l'audace, la pureté. «Les plus belles choses sont simples», murmure Jean-Philippe Moulin.

L'homme qui vient de s'attabler à la table voisine est vigneron. Il discute avec nous, tente de définir ce qu'est la Champagne. «Ici, tout le monde a besoin de tout le monde. On ne reste pas chacun dans son domaine, dans sa tour d'ivoire, on vit vraiment dans l'assemblage.» Et assez bien merci, si j'en juge par la montre que porte ce vigneron au teint bronzé par un voyage en Asie. Je pense à cette plaisanterie entendue plus tôt dans la semaine : «Quelle différence y a-t-il entre un vigneron riche et un vigneron pauvre? Le premier fait laver sa Mercedes alors que le second doit s'en charger lui-même…»

étiquettes
anciennes

L'ÉTIQUETTE

À l'origine, pour identifier les bouteilles, un cachet de cire dont la couleur déterminait la cuvée était apposé sur le bouchon et la ficelle qui le maintenait. On y brûlait un chiffre, une lettre ou un symbole qui présentait la marque. Les étiquettes personnalisées et écrites à la main apparaissent sous Louis-Philippe, puis les progrès de l'imprimerie entraînent les marques à systématiser le procédé. La richesse de la typographie et le développement des couleurs leur permettent de se distinguer les unes des autres. Certaines, plus audacieuses ou avant-gardistes, font appel aux artistes contemporains pour créer un dessin, voire une sérigraphie. Même si la loi ne l'oblige pas encore, l'origine du cru, le nom de la ville et celui du propriétaire sont déjà inscrits sur les étiquettes, et certaines maisons commercialisent des cuvées en indiquant l'année lorsque le vin est issu d'une récolte unique. C'est ainsi que naît le champagne millésimé.

Depuis 1979, une étiquette de champagne mentionne neuf indications obligatoires :

— la mention Champagne, sans la formule «Appellation d'origine contrôlée», car il n'y a de champagne qu'en Champagne;
— la marque (qui est la dénomination originale de chaque maison);
— la teneur en sucre résiduel, c'est-à-dire la catégorie du vin : extra brut, brut nature, brut, extra dry, sec, demi-sec ou doux;
— le volume nominal énoncé en centilitres ou en millilitres;
— le titre alcoométrique acquis, exprimé en pourcentage, lequel varie entre 10° vol. et 13° vol. maximum;
— le nom et le prénom de l'élaborateur ou la dénomination sociale de l'entreprise, en toutes lettres ou en code, précédés de l'expression «élaboré par» ou «élaborateur»;
— la commune d'élaboration, c'est-à-dire le territoire sur lequel l'élaboration a été réalisée. Cette indication doit apparaître à la suite du nom ou de la raison sociale. Lorsque la mention de l'élaborateur est effectuée à l'aide d'un code, le nom de la commune est également codé;
— le pays d'origine (Produit de France);
— l'immatriculation professionnelle attribuée par le Comité interprofessionnel du vin de Champagne à chaque élaborateur, pour chacune des marques utilisées. Cette immatriculation comporte une suite de petits chiffres précédée de deux initiales indiquant le statut de celui qui élabore et commercialise le vin.

LES ARÔMES DU CHAMPAGNE

Comme pour les autres vins, on décrit les arômes du champagne en employant des termes qui expriment certains degrés de puissance, tels que fermé (absence presque totale d'arôme), discret ou faible (légèrement parfumé), aromatique (arôme plus présent), expressif, développé ou intense. Quand il est question de l'harmonie, le vocabulaire se fait évocateur; on parle d'un champagne qui est simple, commun, subtil, délicat, raffiné, élégant ou racé.

Chaque cépage du champagne a ses caractéristiques aromatiques. Le chardonnay apporte des odeurs de tilleul ou d'aubépine, de fruits à chair blanche (pomme, poire) ou d'agrumes (pamplemousse, citron, bergamote, orange). Le pinot noir offre des arômes de cerise, de violette ou de pivoine. Le pinot meunier exhale pour sa part des parfums de fruits rouges (surtout la fraise).

Il ne faut pas oublier la minéralité : c'est l'impression de fraîcheur, de jeunesse, de netteté qu'on peut ressentir en buvant un champagne. Parfois, on peut même déceler des odeurs de pierre, de silex ou d'hydrocarbures.

La fermentation du champagne modifie tous ces arômes, qu'on dit primaires, et les enrichit. On sentira alors une odeur de levure, de mie de pain fraîche, de croûte de pain, de pain grillé, de brioche, de cake, de beurre frais, de crème. Ces arômes sont le plus souvent dus à une prise de mousse lente et de grande qualité.

Si le champagne continue à vieillir, quand on le laisse longtemps dans son cellier, le bouquet se développe et offre des notes plus complexes : le miel, la cire d'abeille, la pâte d'amandes, les fruits à noyau tels que la pêche, la reine-claude et le coing, ou encore le café, le caramel et même les champignons ou la truffe.

La palette d'arômes est infinie, mais si un champagne est élaboré avec le seul chardonnay, qui en fait un blanc de blancs, il offre dans sa jeunesse de beaux parfums de fleur blanche (acacia, lilas japonais), de menthe, d'agrumes, de verveine, d'herbe fraîchement coupée. Et lorsqu'il vieillit, des notes de noisette, d'amande, de pomme mûre ou de miel apparaissent. Le pinot noir et le pinot meunier développent toujours dans leur jeunesse des arômes de fruits rouges, de violette ou de réglisse.

Enfin, qu'il soit issu d'un assemblage d'un seul, de deux ou de ces trois cépages, un champagne qui a rencontré la futaille au cours de son élaboration aura un subtil parfum de vanille, de cannelle et de chêne. C'est aussi ce passage en fût qui lui confère des parfums de café, de cacao, de pruneaux lorsqu'il prend de l'âge. Car le champagne peut très bien vieillir et, comme un vin sec et tranquille, être conservé en cave durant des années.

Félicie Olry-Roederer et Louis Roederer fils nous toisent sévèrement dans l'escalier du hall d'entrée de la maison, mais la bonne humeur de Mary Magdalen Roche Whittington, qui s'occupe des relations extérieures chez Roederer, nous fait oublier la gravité des aïeuls qui ont pourtant de quoi se réjouir. La maison a bien prospéré depuis l'arrivée à Reims de Louis Roederer, en 1830. Et elle se distingue toujours par un atout majeur : l'importance et la qualité de son vignoble, près de 200 ha en propre. Les années fastes, on produit plus de 500 000 bouteilles en suivant les directives de Jean-Claude Rouzaud, directeur général et expert en œnologie arrivé en 1967.

Mary, que plusieurs appellent ici Marie, nous confie la chance qu'elle a eue d'assister alors au renouveau de la maison Roederer après en avoir connu l'aïeule, une femme de caractère « qui allait dans les vignobles avec le régisseur et inspectait elle-même les sabots des chevaux » ! C'était l'époque où on ne s'inquiétait pas de la rareté du liège, où on utilisait de petits fûts, où on remuait à la main.

Depuis 1996, les gyropalettes ont fait leur apparition, mais le célébrissime Cristal est évidemment manipulé par des hommes qui connaissent la valeur de cette cuvée chargée d'histoire. À la fin du XIXe siècle, le tsar Alexandre II s'entiche du champagne Roederer, mais ayant déjà été victime de deux tentatives de meurtre, il est méfiant et demande qu'on crée pour lui une bouteille transparente qui permettra de voir si on y a glissé une poudre suspecte. Il souhaite également que le fond soit parfaitement plat ; le culot (ou la piqûre) des bouteilles étant concave, le monarque redoutait qu'on y insère une bombe. Il est regrettable que les archives de la maison Roederer aient disparu au cours de la Première Guerre mondiale, car un parfum d'histoire flotte dans les caves où nous entraîne Mary, qui salue chaleureusement les gens qu'elle croise dans les galeries. J'écrirais « spontanément » comme nous le faisons volontiers en Amérique. Mary Magdalen Roche Whittington a dû étonner quelques personnes quand elle a été engagée par la maison, où on a vite apprécié sa fidélité. Il y a eu un Américain à Paris, il y a une Américaine à Reims, chez Roederer. « J'aime voyager, je suis curieuse de découvrir le monde, ses cultures, mais je suis toujours heureuse de revenir à la maison. C'est ici, chez moi. Ma demeure, c'est le champagne. » Mme Whittington collectionne même les cartes postales anciennes illustrant les étapes de la vinification.

« Il n'y a pas si longtemps, on devait employer des infirmières dans les maisons de champagne, car on tapotait fortement les bouteilles sur du caoutchouc afin de décoller les lies et certaines se brisaient. Il fallait alors retirer les échardes de verre avec une pince à épiler. » D'autres bouteilles – 80 000 – ont été détruites, mais pour d'autres raisons : au début des années 1970, Jean-Claude Rouzaud, insatisfait d'une cuvée, ordonne le rappel de ces bouteilles qui avaient été envoyées au Venezuela, prouvant tout le sérieux de la maison Roederer où la qualité est un souci constant. Les foudres sont ainsi avinés deux fois pour extraire l'excédent de tanins, afin d'obtenir plus de subtilité. Je demande si on travaille avec la même précision en Californie, où la maison a une filiale : Roederer Estate, qui produit un *sparkling wine*. « C'est Jean-Claude Rouzaud qui a tout créé là-bas, dit Mary Whittington, nous ne sommes pas en compétition, mais complémentaires. La clientèle est différente. » Les États-Unis représentent le premier marché d'exportation de Roederer.

Et la Russie ? A-t-on renoué les liens tissés naguère ? Oui, la maison agit même comme mécène pour la bibliothèque de Saint-Pétersbourg, mais je devine qu'il est plus simple de commercer avec les Américains. Si j'envie aux Californiens leur soleil, j'ai la chance, moi, de goûter au Brut Millésimé 1999, frais, aux arômes d'amande, de pâtisserie, de caramel doré, assez vineux pour accompagner le pot-au-feu de foie gras qu'on nous sert au restaurant Le Relais de Sillery. Les portions sont généreuses, les billes de légumes croquent sous la dent, pimpantes comme la salle où se multiplient des jonquilles. Mary hume le pain avant de le rompre, sourit, satisfaite ; il n'est pas étonnant qu'elle ait adopté la France, paradis des gourmets…

LE BOUCHON DE CHAMPAGNE

Le bouchon de liège n'est pas une idée ou une création des moines de la Renaissance, puisque nous savons qu'on l'utilisait entre autres pour boucher les amphores à l'époque préchrétienne. Il se trouve qu'il est devenu indissociable du flacon de verre depuis le XVIIe siècle et que, jusque dans les années 1990, l'industrie vinicole n'a pas trouvé meilleur joint pour boucher ses bouteilles. Les premiers artisans bouchonniers apparaissent en Champagne au milieu du XVIIIe siècle. Le liège, depuis cette époque, a toujours été acheté en Espagne ou au Portugal. Issu du chêne-liège (*Quercus suber*), un arbre dont l'écorce se régénère facilement, ses qualités sont l'élasticité, l'imperméabilité, la compressibilité et l'adhérence.

Il faut environ 50 ans pour qu'un chêne-liège soit apte à être utilisé pour la fabrication de bouchons. Il faut attendre une dizaine d'années entre chaque découpage pour qu'une nouvelle écorce d'épaisseur suffisante puisse être exploitée pour les bouchons traditionnels. Le bouchon de champagne a la particularité d'être plus large que ceux-ci, car il doit supporter une pression de l'ordre de 5 à 6 kg/cm^2. Son diamètre initial doit être de 31 mm, soit 13 mm de plus que celui du col interne d'une bouteille. Pour qu'une écorce atteigne une épaisseur permettant d'y découper des cylindres adaptés aux bouteilles de champagne, il faut attendre plus de 20 ans, mais sa qualité est moins bonne que celle d'une jeune écorce, car elle s'assèche avec l'âge.

Les Champenois ont donc créé un bouchon spécial pour leur vin. Fait de liège aggloméré, il supporte le poids de la compression au moment de l'introduction dans la bouteille et il peut résister à la torsion latérale subie au moment de son éjection. Sa hauteur ne doit pas dépasser 48 mm. Deux ou trois rondelles de 6 mm, superposées et collées, forment la partie qui est prisonnière du col de la bouteille. On appelle miroir la surface en contact avec le vin. La loi oblige qu'y soient inscrits l'appellation «Champagne» et le millésime, si le vin est issu d'une seule récolte. Certaines maisons ajoutent une comète en souvenir de celle qui fut aperçue en 1811, année d'une récolte exceptionnelle en Champagne. Lorsqu'on débouche une bouteille d'un jeune champagne,

on dit du bouchon qu'il «juponne», à cause de sa forme. Plus le champagne est âgé, moins le bouchon «juponne», puisque la pression à l'intérieur de la bouteille est moindre avec le temps.

Les bouchons de liège à champagne, à la fin du XVIIIe siècle, sont grossièrement taillés en cône pour les enfoncer facilement dans le goulot. On les entoure encore d'une feuille de chanvre huilée, comme on le faisait avec les goupilles de bois. En séchant, elle permet un maintien solide du bouchon dont une partie sort du goulot. Celle-ci est ficelée afin de mieux assurer la fermeture. Cependant la pression qui s'exerce sur le miroir du bouchon très étroit le fait sauter rapidement. Le bouchon du tirage est alors enfoncé plus profondément que le bouchon final du dosage, car les négociants sont conscients que le consommateur doit avoir plus de facilité à tenir la tête du bouchon au moment de l'ouverture de la bouteille, d'autant plus que du sucre aura pu faire adhérer le liège à la paroi du goulot. Pendant des décennies, l'expulsion du bouchon de tirage est particulièrement complexe. Dès 1850, le bouchon de tirage est maintenu par une agrafe de métal crochetée à la bague du goulot. Elle est solide, plus fiable que la ficelle et plus pratique, au moment du dégorgement. Certaines maisons l'utilisent toujours pour leur cuvée de prestige. Mais la capsule-couronne expérimentée après la Deuxième Guerre mondiale sera salvatrice. Elle se pose facilement, est hermétique, ne se brise pas et se retire facilement. Les maisons de champagne l'adoptent définitivement dans les années 1960 pour fermer les bouteilles après le tirage.

Les problèmes que rencontrent les producteurs de vins, depuis 15 ans, quant à la qualité du liège pour les bouchons, soulèvent un nouveau débat en Champagne. En effet, à partir du moment où la capsule-couronne est fiable pour l'étape du tirage, pourquoi ne le serait-elle pas pour l'étape finale du dosage? En bouchant les bouteilles de champagne avec une capsule-couronne de métal, le problème de la qualité du bouchon de liège, qui entraîne entre autres le bouchonnage du vin, serait réglé, puisqu'il ne serait plus utilisé.

Plusieurs maisons de champagne qui élaborent, sous d'autres latitudes, des vins effervescents qui respectent le procédé champenois (Taittinger, Mumm, Roederer, Moët & Chandon...) ont tenté l'expérience. Certaines de leurs cuvées sont déjà commercialisées avec une capsule. Elle est habillée d'un ruban stylisé pour les nécessités esthétiques de la mise en marché (le Domaine Chandon, en Australie, par exemple).

Alors, à quand un Dom Pérignon, un Cristal, une Grande Dame ou un Grand Siècle à décapsuler? S'y risquer serait sans aucun doute perçu comme un sacrilège, le poids de la tradition, particulièrement lourd, semblant immuable. La réglementation européenne prévoit le bouchage des bouteilles de champagne par un bouchon en liège ou toute autre matière admise au contact des denrées alimentaires. Le bouchon de liège n'est donc pas obligatoire, mais il apparaît incontournable et il est toujours utilisé en Champagne. Sans ce fameux «pop» qui résonne à l'ouverture d'une bouteille et qui procure à l'assistance sourire et bien-être, le champagne serait-il encore le champagne? Et puis, il porte le surnom de «saute-bouchon» depuis tant de décennies...

Un vigneron en biodynamie, c'est tout ce que je savais de Larmandier-Bernier. Et que ces champagnes très peu dosés en sucre étaient très bons, et suscitaient beaucoup de curiosité. Comme le personnage… Pierre Larmandier ne connaît pas la langue de bois, mais le langage de la terre. Il s'exprime si librement que j'oserais parler de candeur dans son cas. Je me tromperais, car – si on a la tête dans les étoiles et une connivence avec la lune – il faut sûrement avoir les pieds sur terre. On négocie dur en Champagne et Pierre Larmandier doit batailler pour ses propres vignes et pour acheter le raisin dont il a besoin. Ce qui n'est pas toujours aisé quand on a une image d'hurluberlu aux yeux de certaines personnes qui préfèrent vendre leur raisin à la coopérative à moindre prix plutôt qu'à un homme qui expérimente, qui cherche et qui trouve. Les champagnes de Larmandier-Bernier ont la cote chez les amateurs, et cela jusqu'au Japon. Leur style particulier attire l'attention tout comme les méthodes du vigneron.

Ils ne sont que trois à travailler les cultures en biodynamie, ce qui étonne Pierre Larmandier. En nous montrant ses vignes, il nous confie sa perplexité. Devant ses résultats, il était persuadé qu'on serait nombreux à l'imiter, qu'il n'avait que quatre ou cinq ans d'avance sur ses voisins, qu'ils se mettraient bientôt tous à la biodynamie. Pourquoi le feraient-ils? «Parce que c'est le moyen d'arriver à l'expression d'un vin, d'un terroir. À la limite, mes vins ont tellement de personnalité qu'on arrive difficilement à faire des assemblages.» Chez Larmandier-Bernier, où on exploite 15 ha, on a banni les herbicides et les insecticides. Pour donner de la vie au sol, on préfère traiter au cuivre, au soufre. On utilise un hélicoptère depuis quatre ans pour arroser les parcelles au moment nécessaire. C'est une question d'heures; l'intervention doit être pratiquée rapidement, dans l'immédiat, car les doses pulvérisées ne sont pas très lourdes. J'imagine la tête des gens lors du premier arrosage, quasiment en rase-mottes. Le produit doit bien déborder un peu dans les vignes des voisins, non?

Oui. Un peu. Et ça fait des histoires. Comme l'herbe. L'herbe? Pierre Larmandier plante de l'herbe entre les ceps, dont certains ont une quarantaine d'années, et certains esprits tatillons se sont plaints parce que l'herbe s'avançait sur la chaussée. Ce ne sont pas ces petites tracasseries qui décourageront le vigneron qui parle d'une évolution constante dans son approche de la vigne, de ses questionnements, de son estime pour Anselme Selosse, « le grand frère », qui a enfoncé les portes et cru à la biodynamie. Malgré le surplus de travail que cela représente. Peut-être qu'il n'y a pas plus de vignerons qui s'y intéressent parce que c'est trop de boulot…

« Oui, on économise en produits insecticides – les produits naturels sont moins chers que les produits chimiques, environ trois euros l'hectare –, mais on n'économise pas en labeur et en stress… Cependant, depuis qu'on a arrêté la potasse, on a obtenu des raisins mûrs avec un bon degré d'acidité. »

Et ensuite, au moment des vendanges? On utilise un pressoir pneumatique que Pierre Larmandier adapte selon la qualité des raisins. Adapte? Il y a pourtant des normes. « Bien sûr, mais on est là pour faire du vin, pas pour faire des comptes… » Et la vinification? Pierre Larmandier sourit. « C'est une vinification de "feignant". Tout le travail a été fait avant, dans les vignes. On n'a pas à goûter sans arrêt. »

Et l'assemblage? « On nous dit qu'il faut imaginer ce que le vin deviendra, mais ce n'est pas si sorcier : si le vin tranquille est bon au départ, il le sera aussi quand il sera effervescent. C'est logique. » Pierre Larmandier s'exprime avec l'assurance d'un homme de convictions, même si les débuts n'ont pas dû être faciles. Quand on est seul à croire à quelque chose… Seul? Non, sa femme et sa mère partagent ses idées, tout comme les clients, de plus en plus nombreux à apprécier ses champagnes. Est-ce leur puissance qui séduit? Je sens le blanc de blancs qui exhale un parfum de fleurs blanches et je goûte. Le champagne est extrêmement capiteux, très différent de ce que j'ai bu jusqu'ici. « Ça m'énervait qu'on parle toujours de l'élégance, de la finesse du chardonnay. Ce n'est pas que ça ! » Le Larmandier-Bernier Terre de Vertus – pur chardonnay – où pointent la réglisse et le gingembre est aussi charpenté, comme le Larmandier-Bernier Tradition Premier Cru, dans lequel il y a 15% de pinot noir et moins de 5 g de sucre. C'est vineux, ça rappelle la compote de pommes, alors que le Premier Cru Millésimé 2000 évoque la tarte tatin, plus caramélisée, la crème fraîche qu'on ajoute si on est vraiment gourmand. Ce champagne est beurré, très ample. Avec 2 g de sucre. Vraiment 2 g? Pierre Larmandier confirme, répète que le truc, c'est de cueillir des raisins mûrs. Il nous conseille aussi d'ouvrir ses bouteilles la veille : « Elles seront meilleures. » On essaiera, promis !

biodynamie
à Vertus

BIODYNAMIE ET CHAMPAGNE

En introduisant les désherbants dans la viticulture, au sortir de la Deuxième Guerre mondiale, on ne s'attend pas à ce qu'ils anéantissent l'essence même des appellations d'origine contrôlées instituées 25 ans plus tôt. Que voulait alors démontrer le principe des AOC ? Qu'en un lieu donné précis, au sol et au microclimat particuliers, un cépage apporte un goût authentique, inconcevable ailleurs. Qu'un terroir a un goût qui lui est propre.

Le viticulteur de l'époque voit logiquement dans le désherbant que l'industrie lui propose une aide précieuse pour alléger son dur labeur, lui assurant un gain de temps et un bouclier pratiquement inviolable face aux champignons, aux insectes et aux microbes. Ce que le viticulteur de l'époque ne réalise pas, c'est que sa vigne évolue avec des micro-organismes, et que ces derniers vivent et diffèrent en fonction des caractéristiques du microclimat.

En «tuant» la vie du sol, les désherbants vont progressivement tuer des éléments nécessaires à la vigne. Arrive alors la riposte de l'homme : l'engrais chimique, qui nourrit la vigne, mais la déshydrate. La vigne ayant besoin d'eau pour survivre, elle l'emmagasine à l'excès, provoquant une croissance exagérée et donc déséquilibrée. Comme la production est là, elle satisfait tout le monde et tout le monde s'enrichit.

Sauf que la vigne perd la mémoire ! Elle en oublie les solstices et les cycles solaires quotidiens, et la seule défense qui lui reste est la pourriture. On entre alors dans le cercle vicieux des recherches scientifiques, et l'homme, toujours plus avide de conquérir des marchés, lance l'antipourriture. Réaction de la vigne affaiblie : de nouvelles maladies. Réaction de l'homme : les traitements systémiques.

On y est ! On n'est plus à la surface de la vigne, on est en elle. On contrôle son métabolisme. On touche à sa sève. Et qu'est-ce que cela affecte au bout du parcours ? Le goût ! En maîtrisant les éléments de la vigne, l'homme va pouvoir contrôler son goût. C'est la course aux enzymes et aux levures. Artificielles, bien sûr. Car la réalité dépasse toujours la fiction.

Au début du XXe siècle, après la crise dite phylloxérique qu'avait engendrée un puceron nommé phylloxéra, qui ravagea plus de 90 % du

Vertus

vignoble européen en s'attaquant aux racines des ceps, le vigneron accablé et ruiné espère une aide des premiers scientifiques, spécialisés en viticulture. Il ne peut se douter que la génération de son petit-fils, dans les années 1980, en viendra à manipuler génétiquement la vigne, plutôt que de guider son développement.

Un siècle plus tard, une partie de la viticulture s'élabore en laboratoire et, face à cette production, quelques irréductibles vignerons luttent avec un nouveau concept, qui n'a de nouveau ou de moderne que le nom : la biodynamie. Qu'est-ce que la biodynamie? Simplement le respect du métabolisme de la vigne par le respect de son environnement. Déjà, au Moyen Âge, les moines utilisaient les propriétés médicinales des plantes pour lutter contre les ennemis naturels de la vigne et observaient les astres pour déterminer le moment de la récolte. Ils avaient compris que seules la vraie terre, la vraie eau et la vraie lumière donnaient une identité, une couleur et un goût au vin.

Au-delà des modes et du commerce, la biodynamie ne repousse pas la technologie, mais elle écoute d'abord la nature sans la précipiter. Elle utilise simplement les qualités de la nature en veillant à ne pas les épuiser. Les problèmes ne sont pas éliminés artificiellement, mais étudiés pour connaître les raisons de leur présence, car dans la nature tout se tient.

Il y a encore 20 ans, on a crié aux fous, aux illuminés du cosmos ou aux écolos antiprogrès, lorsqu'une poignée de vignerons suisses et français ont revu leur façon de travailler. Curieusement, de grands noms du vin s'intéressent aujourd'hui de plus en plus à la biodynamie. Ceux qui l'ont essayée obtiennent de tels résultats qu'ils deviennent les plus ardents défenseurs de ce mode de culture inventé dans les années 1920 par l'Autrichien Rudolph Steiner. Cette philosophie de viticulture n'est plus seulement européenne, avec des locomotives dans la plupart des appellations (Cazes, Chapoutier, Joly, Pujol, Bize-Leroy, Huet, Trapet, Larmandier, Fleury, Selosse, Eymann, Granges-Faiss, Palacios, Albet I Noya, Niccolaini ou Eblin-Fuchs), elle s'est répandue à travers le monde entier (Reyneke-Farquharson, Milton, Castagna, Sinskey ou Espinoza). Pour comprendre les résultats de la biodynamie, il nous suffit de goûter à tous ces grands vins, dont certains sont de Champagne.

Madame Vve
POMMERY

Impossible de circuler à Reims sans remarquer les incroyables bâtiments de style Tudor qui attendent les visiteurs dans d'élégants jardins; Jeanne Alexandrine Louise Pommery, qui fit construire le domaine à la fin du XIXe siècle, avait trop de personnalité pour habiter un endroit banal. Dès qu'on passe la porte de la maison où fusent les exclamations des touristes, très nombreux en toute saison (60 000 par année), on s'extasie sur un foudre géant sculpté par le célèbre Émile Gallé et d'une contenance de 75 000 litres ! C'est ensuite le grand escalier de 116 marches usées par le temps et les visiteurs qui surprend, comme la beauté des caves qui s'enorgueillissent de quatre magnifiques fresques réalisées par Navlet entre 1882 et 1884 dans les murs de craie, à la lueur des bougies. Il paraît que l'artiste est mort quasi aveugle, mais aurait-il pu contrarier Mme Pommery, abandonner ce travail si difficile?

Je doute qu'on ait pu résister à cette femme de tête à l'intuition extraordinaire. Reprenant la maison après le décès de son époux, elle achète des hectares de vignes dans les meilleurs crus, fait creuser 18 km de galeries et comprend très vite les potentialités du marché britannique. Elle ouvre ainsi un bureau à Londres en 1861, alors que plusieurs se tournaient vers la Russie des tsars. Pour séduire d'autres acheteurs, elle nomme les galeries de la cave du nom de la ville de ses clients. Pour chaque nouveau marché, elle baptise une section : Liverpool, Zurich, Buenos Aires, Manchester et Montréal – une galerie de 980 m ! Elle décide d'abaisser le taux de sucre dans le champagne, et elle est également la première à lancer sur le marché les champagnes bruts, qu'on peut boire tout au long d'un repas. À une époque où tout le monde cueille le raisin vert et lui ajoute une grande quantité de sucre, Louise Pommery juge avec son chef de caves du moment des vendanges dans ses vignes. Tant d'innovations venant d'une femme sont suspectes, voire choquantes, et on fait courir la rumeur que Louise Pommery est au bord de la faillite afin d'inquiéter les vignerons chez qui elle s'approvisionne en raisins pour qu'ils vendent leur récolte à d'autres maisons. Louise Pommery réagit aussitôt : le tableau *Les glaneuses,* de Millet, venant d'être mis à l'encan, toute la France craint qu'un étranger achète l'œuvre. Exigeant l'anonymat pour quelques jours,

Thierry Vasco
en dégustation

Louise Pommery débourse 300 000 francs or pour l'acquérir. Et écoute ses compatriotes s'interroger sur l'inconnu qui a acheté ce tableau. Quand elle révèle son identité, l'effet de surprise est total et la reconnaissance du public absolue, puisqu'elle offre le Millet au musée du Louvre. Elle a non seulement prouvé sa solvabilité, mais a créé la publicité avant la publicité… Toute la France connaît dorénavant le champagne Pommery !

C'est toujours le cas aujourd'hui, puisque des millions de bouteilles sont vendues chaque année. Les visiteurs qui contemplent une fresque réalisée récemment à l'effigie de Louise Pommery peuvent goûter la cuvée qui porte son nom et qui fait la renommée de la maison. Thierry Vasco, chef de caves de père en fils, explique que cette cuvée exige des soins précis : on cueille les raisins du milieu du rang dans des parcelles toutes classées à 100 %.

« La Cuvée Louise, c'est le *nec plus ultra* ; le raisin venant de la meilleure partie dans la meilleure parcelle. Au moment du pressurage, on ne conserve que le cœur de l'extraction, ni la tête ni les queues. Il est remué à la main et non en gyropalettes. »

En goûtant ce champagne, je suis charmée par la finesse des bulles, les notes de tilleul et de cerise que j'y décèle derrière une odeur de crème. Le Brut Royal me fait penser au sucre filé qui couronne les croquembouches, alors que le Brut Apanage, fait de 20 crus, est plus brioché, mais toujours aussi aérien et même diaphane. Nous dégustons un Grand Cru Millésimé 1998, qui rehausse la saveur du gratin d'escalopes de daurade royale, un plat à la fois très fin et réconfortant. La Cuvée Louise Rosé 1999 doit s'accorder au magret de canard aux griottes. Cette cuvée est traitée avec les mêmes soins qu'on apporte à la « blanche ». On y ajoute simplement du rouge de Bouzy (6 % seulement). Sa robe œil-de-perdrix très tendre rappelle les joues à peine rosées des jeunes filles sur les portraits anciens. Je suis toujours embarrassée, comme romancière, quand on me demande d'où vient mon inspiration, mais j'interroge pourtant Thierry Vasco : comment conçoit-on un champagne ? Il sourit, raconte qu'il a cherché à traduire ses émotions par rapport aux saisons quand il a élaboré la cuvée Springtime ou la cuvée Summertime.

« Pour la première, je souhaitais de la gaieté, un côté pimpant, alors que je voulais un blanc de blancs très rafraîchissant pour l'été. J'ai créé un blanc extra dry pour l'automne et un blanc de noirs pour l'hiver, pas trop puissant cependant, respectant le style Pommery. »

Cette signature est donc maintenue malgré le rachat de la maison par M. Vranken, un Belge producteur de bière ? « Bien sûr, j'ai toute la liberté qu'il me faut pour travailler. M. Vranken est très dynamique, il fonce ! » Thierry Vasco s'anime. La maison qui avait perdu du terrain au début des années 2000 le regagne : trois millions de bouteilles en 2001, quatre millions et demi en 2006. L'objectif ? Six ou sept millions, comme auparavant. En terminant mon verre de Cuvée Louise Rosé 1999, je croise le regard de Mme Pommery, dont le portrait orne la salle à manger. Elle semble très satisfaite de la destinée de sa maison, où finesse rime avec amabilité.

LA NOTION DE CRU EN CHAMPAGNE

En Champagne, c'est une cotation (en pourcentage) qui fixe le prix du raisin que le négociant achète au vigneron. Une échelle des crus a été instaurée à la suite des émeutes et des batailles juridiques qui précédèrent la Première Guerre mondiale, afin de protéger les intérêts des deux professions. En fonction de l'histoire, de la qualité du terroir et du raisin, les villages de Champagne ont été classés et ont reçu une cote qui va de 80 à 100 %. Celle-ci a évolué au cours du XXe siècle, puisqu'en 1911 elle allait de 22,55 à 100 %. Des reclassements ont été apportés en 1920, en 1941 et en 1985, à la suite de revalorisations des communes dont les méthodes de culture du raisin s'étaient améliorées.

Le principe est simple : on établit la valeur du kilogramme de raisin dans les crus classés à 100 %, puis celle-ci sert de référence pour déterminer le prix du kilogramme de raisin dans les autres crus. En outre, cette échelle tenant compte de la couleur du raisin, le classement du raisin noir peut varier par rapport à celui du raisin blanc sur une même commune. On compte aujourd'hui en Champagne 17 grands crus (classés 100 %) et 41 premiers crus (classés entre 90 et 99 %). Les autres communes qu'on appelle les « petits crus » sont classées de 80 à 89 %. Les grands crus et les premiers crus occupent environ un tiers de la surface totale de la Champagne viticole. Comme les raisins de Champagne sont les plus chers au monde – Chrystine a pu s'en rendre compte –, chaque parcelle est chouchoutée.

1995
MILLÉSIME

millésime 1995
de Taittinger

CONSERVATION, PRÉSENTATION ET DÉGUSTATION DU CHAMPAGNE

J'écarte volontairement les principes de la dégustation dite professionnelle du champagne qui suivent des étapes complexes et visent des objectifs précis qui ne sont pas le sujet de ce livre. C'est grâce aux experts qui les établissent et les mettent en pratique que, justement, le consommateur a la garantie de l'excellence du champagne.

Je m'arrête plutôt sur quelques règles basiques à connaître lorsqu'on déguste un champagne chez soi, de façon simple et conviviale. Évidemment, mon but est de vous convaincre que ce vin n'est pas par hasard le vecteur du plaisir de tous les sens. Il suffit pour cela d'observer la réaction des gens dès qu'une bouteille de champagne (une vraie !) est offerte, puis ouverte. Tout s'allume, tout s'illumine, tout s'ouvre, tout s'épanouit : les cœurs, les yeux, les langues, les voix. Bref, le temps d'une bouteille de champagne, la bonne humeur règne. Je sais que les autres vins procurent aussi ces sensations, mais jamais de la même façon, jamais autant.

LA CONSERVATION DU CHAMPAGNE

Le champagne se conserve au frais dans une cave ventilée à une température ambiante d'environ 12 °C. Il doit être stocké en position horizontale et à l'abri de la lumière qui pourrait l'abîmer. Le champagne, c'est du vin. Conservez-le comme les autres bouteilles de vin. Par contre, les bouteilles doivent être manipulées avec précaution avant leur débouchage, à moins que vous ne désiriez arroser les murs.

LA TEMPÉRATURE DU CHAMPAGNE

Le champagne se boit frais, mais jamais glacé, jamais frappé. Il doit être placé au réfrigérateur au moins trois heures avant son service. Au moment de l'ouverture de la bouteille, une température de 8 °C est recommandée pour la plupart des champagnes, c'est-à-dire les blancs non millésimés, issus de l'assemblage des trois cépages. Elle grimpera à 10 °C une fois le vin servi et procurera tout le plaisir attendu. Il faut cependant être plus attentionné avec les autres cuvées. Il est en effet recommandé de déguster les champagnes rosés, millésimés, de prestige ou réunissant ces trois particularités à la fois entre 10 et 13 °C, car ces températures valorisent leurs caractéristiques. Si le temps vous manque et que la bouteille est restée à la température ambiante durant la journée, glissez-la dans un seau contenant un tiers de glaçons et un tiers d'eau. Sa température sera adéquate en 20 minutes.

LES VERRES À CHAMPAGNE

Le contenant idéal pour la dégustation du champagne est le verre tulipe. Évasé, large et haut, il permet aux bulles d'évoluer à leur guise. Ces verres préservent et restituent davantage les arômes que ne le font les coupes trop évasées disparues du marché. Quel que soit le type de verres, ils ne doivent pas être lavés au lave-vaisselle, car celui-ci laisse des traces de détergent qui tuent les bulles de champagne. Les verres doivent être lavés à la main, à l'eau chaude, puis laissés à sécher sur un égouttoir avant de les astiquer avec un linge propre. Les essuie-tout de papier-coton de plusieurs épaisseurs sont également très efficaces.

LA DÉGUSTATION DU CHAMPAGNE

Prenez le temps d'observer le champagne en tenant votre verre par le pied ou la tige, jamais par le gobelet, car vous le réchaufferiez. Les teintes diffèrent selon les types : pâle pour un jeune champagne, de base jaune pour les blancs de noirs, avec des reflets verts ou gris pour les blancs de blancs, de couleur chair à saumoné pour les rosés. Un vieux champagne oscillera entre le jaune paille et l'ambré.

Puisque c'est la mousse qui distingue le champagne des autres vins, je mentionnerai d'abord qu'elle est tributaire de la surface des parois du verre. Même parfaitement propres, secs et essuyés de la même façon, deux verres présenteront des bulles au comportement différent lorsque vous les emplirez avec le même champagne. Tentez l'expérience. Les parois des verres sont en effet toujours mouchetées de particules invisibles à l'œil, qui sont à la fois les déclencheurs et les accélérateurs des bulles. L'analyse de ces dernières est d'ailleurs nécessaire pour nous renseigner sur la qualité de l'élaboration du vin.

La surface de la mousse, qu'on appelle le cordon, peut être totale, périphérique ou inexistante. Son aspect peut être crémeux, fin ou grossier. Sa couleur est blanche ou ivoire. Sa persistance peut être excellente, bonne, moyenne, faible ou nulle. Le dégagement gazeux est impétueux, important ou faible. Quant aux bulles, enfin, elles peuvent être légères ou lourdes, rapides ou lentes, fines ou grossières, régulières ou diffuses, abondantes ou inexistantes.

Examiner la mousse fournit des précisions sur les soins apportés au vin lors de la seconde fermentation. Si elle a été trop rapide, les bulles s'illustreront dans l'excès : trop grosses, trop impétueuses, trop abondantes, trop lourdes.

LE CHAMPAGNE À TABLE

Le champagne est le seul vin au monde à pouvoir s'accorder avec la plupart des mets, que ce soient des viandes blanches ou rouges, des crustacés, des poissons maigres ou gras, des fromages (à l'exception des pâtes persillées), des abats, des œufs, des légumes et toutes les variétés de desserts, même chocolatés (chocolat blanc). Tout étant, là aussi, une affaire de nuances.

J'aime les vins du monde entier, mais aucun n'est aussi «pluri-harmonieux» avec les mets que le champagne. Les multiples expériences que nous avons vécues en Champagne confirment ce sacerdoce. La lecture de Chrystine vous aura, j'en suis sûr, donné des idées, ou tout au moins fait saliver et convaincus.

Enfin, les recettes qui terminent ce livre vous inciteront, je l'espère, à consommer davantage de champagne ou à le découvrir à table, à toute heure de la journée, chez vous, au restaurant ou dans un bar.

GRAND VIN DE CHAMPAGNE

Ce séjour en Champagne nous a paru évidemment trop court, car plus on connaît le champagne, plus on l'aime. J'irais jusqu'à dire que j'ai un rapport amoureux avec l'élixir champenois, il me séduit, il me manque s'il me fait défaut trop longtemps, je le retrouve presque avec le même émoi qu'on éprouve quand on rejoint une personne aimée. Car le champagne est intime; des millions de bouteilles nous attendent dans le sous-sol de la Champagne, mais chacune a son histoire, sa vie, ses arômes. Chacune correspond à un moment dans la vie d'un amateur de champagne : premier tête-à-tête amoureux, souper entre amis, fête pour célébrer l'arrivée de l'été, réconfort et oubli quand

l'existence nous réserve quelque déception. Et quel que soit l'instant où il est dégusté, le champagne conserve son délicieux mystère, car il est la somme d'un terroir unique, d'un climat particulier et de l'œuvre de véritables artistes, d'hommes et de femmes passionnés.

Ces hommes et ces femmes nous ont impressionnés par leur enthousiasme, leur générosité et leur élégance; un produit de luxe pourrait engendrer des attitudes plus hautaines.

Il n'en est rien. La grâce chasse la prétention dans toutes ces maisons qui nous ont chaleureusement accueillis; qu'elles soient ici sincèrement remerciées de leur hospitalité qui fait honneur à la France.

chrystine brouillet, l'épicurienne

à la vôtre!

Je retourne souvent en Champagne. C'est un besoin. Froide et grise l'hiver, fraîche et jaune au printemps, clémente et verte l'été, humide et ocre l'automne, la Champagne a le sous-sol le plus fascinant du monde grâce à sa craie et à ses centaines de kilomètres de galeries où dorment des millions de bouteilles. Quant à ceux et celles qui veillent sur ce trésor, ils sont aussi pétillants que leur vin.
Dire que le champagne est le seul vin au monde qui provoque des exclamations de joie à son débouchage est peut-être excessif, je l'admets. Il est, en tout cas, le seul qui les provoque aussi bien chez les enfants que chez ceux qui n'en boivent pas.

guénaël revel, le sommelier

MONTREAL

À

A

T

B
LE

bruschetta à la
mangue, p. 124

l'aiglon

Dans un verre ou une flûte, verser un trait de Mandarine Napoléon et remplir le verre de champagne.

Champagne suggéré : **JACQUESSON – Cuvée 730**

Pourquoi cette maison?
C'était la préférée de l'Empereur!

champagne CHARLY

Dans un verre ou une flûte, verser un trait de liqueur d'abricot et remplir le verre de champagne.

Champagne suggéré : **CHARLES HEIDSIECK – Mise en cave 2001**

Pourquoi cette maison?
Son ancienne cuvée de prestige s'appelait Charly!

camélia

Dans un verre ou une flûte, verser un trait de crème de framboise et remplir le verre de champagne.

Champagne suggéré : **PERRIER-JOUËT – Belle Époque 1998**

Pourquoi cette maison?
Ce sont les anémones de Gallé sur la bouteille qui rappellent le côté floral et délicat du cocktail.

rossini

Dans un verre ou une flûte, verser un trait de liqueur de fraise des bois (Fragoli) et remplir le verre de champagne.

Champagne suggéré : **MOËT & CHANDON – Brut Impérial**

Pourquoi cette maison?
Pour l'implication de la marque dans les arts en général.

azur

Les proportions sont les suivantes :
1/5 de vodka,
1/5 de curaçao bleu et
3/5 de champagne.

Champagne suggéré : **DE VENOGE – Brut Select Cordon Bleu**

Pourquoi cette maison?
Pour la couleur bleue qui dominera la dégustation.

blue velvet

Les proportions sont les suivantes :
1/5 de Guiness et
4/5 de champagne.

Champagne suggéré : **DE VENOGE – Brut rosé**

Pourquoi cette maison?
La couleur bleue de la maison associée au velours de ses champagnes.

mimosa

Les proportions sont les suivantes :
1/10 de curaçao,
3/10 de jus d'orange et
6/10 de champagne.

Champagne suggéré : **POMMERY – Brut Royal**

Pourquoi cette maison?
Parce que tout est délicat comme les fleurs chez Pommery.

cretons

Je fais ces cretons, dont la recette me vient de ma grand-mère Eva, depuis toujours. Et, chaque fois, mes amis s'étonnent qu'ils ne soient pas plus gras. C'est pourtant du porc, que du porc. J'imagine que les légumes changent la texture; j'écris «cretons» mais leur texture est plus près de celle d'une terrine.

500 ml (2 tasses)

500 g (1 lb) de porc haché
250 ml (1 tasse) de mie de pain en morceaux
1 oignon haché finement
1 gousse d'ail écrasée
4 clous de girofle
250 ml (1 tasse) de lait
10 à 12 champignons finement hachés
2 branches de céleri avec les feuilles hachées finement
Sel et poivre

— Mettre tous les ingrédients dans une casserole à fond épais et cuire à feu doux pendant 1 h 30. Retirer les clous de girofle et verser dans une petite terrine ou des ramequins. Réfrigérer.

Champagne suggéré :
ALFRED GRATIEN – Brut Classique

ramequins
À SAVEUR DE BARCELONE

Cette recette m'a été inspirée par un séjour à Barcelone où j'ai découvert le merveilleux jambon serrano, un jambon cru au goût très fin : les porcs sont nourris aux châtaignes! Quant au Manchego, c'est un fromage délicieux (également très bon si on le dépose en lamelles sur des betteraves mais peut-être pas pour le brunch…).

6 portions

6 c. à soupe de crème 35%
6 c. à soupe de jambon serrano (ou prosciutto), en dés
6 œufs
6 lamelles de Manchego (ou gruyère)

— Beurrer 6 ramequins. Mettre 1 c. à soupe de crème et 1 c. à soupe de dés de jambon dans chacun. Casser un œuf et le déposer sur le jambon. Couvrir de fromage.
— Préchauffer le four à 220 °C (425 °F).
— Mettre les ramequins dans un plat allant au four, remplir d'eau jusqu'aux deux tiers des ramequins. Placer au four et cuire de 6 à 7 min. Le blanc de l'œuf doit être cuit, mais le jaune doit être encore coulant.

Champagne suggéré :
LANSON – Black Label Brut

cannelés salés

Je connaissais les cannelés bordelais poudrés de sucre, mais j'ai été immédiatement séduite par la version salée dégustée chez Laurent-Perrier dans un très joli salon, quiet et élégant. Dès mon retour à la maison, j'ai tenté de recréer ces petites bouchées si délicates.

36 cannelés

1	œuf et 1 jaune d'œuf
250	ml (1 tasse) de lait
2	c. à soupe de beurre fondu
200	ml (3/4 tasse) de farine
125	ml (1/2 tasse) de parmesan râpé
125	ml (1/2 tasse) de gruyère râpé

— Dans un bol, mélanger tous les ingrédients avec une cuillère en bois. Laisser reposer une nuit au réfrigérateur. Si le mélange est trop épais, diluer avec 1 c. à soupe de lait.
— Utiliser les petits moules à cannelés pour l'apéro, les beurrer et les remplir du mélange aux deux tiers.
— Préchauffer le four à 215 °C (420 °F).
— Cuire les cannelés de 20 à 25 min jusqu'à ce qu'ils brunissent.
— Démouler et servir les cannelés encore chauds. On peut les conserver au réfrigérateur au moins 5 jours. Les réchauffer avant de les servir.

Champagne suggéré :
POL ROGER – Brut

rillettes
DE SAUMON ET CRABE

Attablée chez Kobus, à Épernay, je me suis amusée en voyant une correspondance entre le champagne rosé, les murs saumon du restaurant et ces rillettes aux teintes nacrées. Tout était si doux!

750 ml (3 tasses)

225	g (1/2 lb) de saumon frais
100	g (3 1/2 oz) de saumon fumé
225	g (1/2 lb) de crabe frais ou congelé
115	g (1/4 lb) de beurre demi-sel ramolli
4	c. à soupe de crème 35%
2	jaunes d'œufs cuits dur écrasés
Zeste de 1 citron	
1	c. à soupe de ciboulette ou aneth haché
Sel et poivre	

COURT-BOUILLON

250	ml (1 tasse) de vin blanc
1	l (4 tasses) d'eau
1	carotte en morceaux
1	oignon en quartiers
2	c. à soupe de persil haché
1/2	c. à thé de thym

— Préparer le court-bouillon en portant à ébullition tous les ingrédients dans une casserole. Laisser mijoter 15 min.
— À feu doux, pocher le saumon frais dans le court-bouillon, 7 à 8 min, jusqu'à ce que la chair devienne rose pâle et à peine ferme. Ne pas trop cuire. Retirer le saumon et laisser refroidir. Émietter le saumon et hacher, à l'aide d'un couteau, le saumon fumé et le crabe.
— Mélanger tous les ingrédients des rillettes. Assaisonner. Verser dans une terrine ou des ramequins et mettre au réfrigérateur 2 h. Servir tartinées sur des croûtons.

Champagne suggéré :
VEUVE CLICQUOT PONSARDIN – Brut

rillettes de truite

J'ai la chance d'avoir des copines qui aiment la pêche et qui me font profiter de leurs prises. Ces rillettes sont idéales en pique-nique… près d'un cours d'eau où on peut laisser refroidir une bouteille !

500 ml (2 tasses)

1 truite de 200 g (7 oz)
125 ml (1/2 tasse) de vin blanc sec
125 ml (1/2 tasse) d'eau
100 g (3 1/2 oz) de truite fumée hachée finement
1 jaune d'œuf cuit dur écrasé
4 c. à soupe de beurre ramolli
3 c. à soupe de crème 35 %
Zeste de 1 citron
Poivre

— Dans une casserole, faire pocher la truite dans le vin et l'eau, à feu doux, environ 8 min ou jusqu'à ce que la chair soit cuite.
— Laisser tiédir la truite avant d'enlever la peau et toutes les arêtes. À l'aide d'une fourchette, défaire la chair en morceaux et la mêler à la truite fumée. Incorporer les autres ingrédients.
— Conserver au réfrigérateur jusqu'au moment de servir. Pour une consistance plus souple, on peut rajouter de la crème.
— Servir avec des craquelins, tartiner sur des toasts garnis d'aneth haché ou de câpres, ou farcir des feuilles d'endive.

Champagne suggéré :
BOIZEL – Cuvée Sous Bois Brut 1990

bruschetta à la mangue

Une recette archi-rapide où le parfum de mangue prolonge les arômes exotiques de certains champagnes.

250 ml (1 tasse)

125 ml (1/2 tasse) de tomate en petits dés
125 ml (1/2 tasse) de mangue en petits dés
1 c. à soupe de coriandre hachée
Sel et poivre
1 c. à soupe d'huile d'olive
Zeste de lime, au goût

— Mêler tous les ingrédients et déposer sur des croûtons. Servir rapidement car le mélange imbibe le pain.

Champagne suggéré :
NICOLAS FEUILLATTE – Brut Réserve Particulière

cuisses de grenouille
AU PARFUM D'ASIE ET NOUILLES SOBA AUX LÉGUMES

Marie-Chantale Lepage, du Château Bonne Entente à Québec, est une chef que j'adore, elle est en plus une femme formidable avec laquelle j'ai eu le plaisir de travailler à l'occasion d'une soirée gastronomique. J'avoue que je n'ai pas fait cuire les cuisses sur des brochettes, mais simplement à la poêle. Cependant, j'imagine que ce serait également très bon au barbecue !

2 portions

90	g (3 oz) de nouilles soba
1	filet d'huile de sésame
2	ou 4 c. à soupe d'huile d'olive
1	carotte finement émincée
1	poivron rouge finement émincé
1	poivron jaune finement émincé
1/2	oignon rouge finement émincé
1/2	poireau finement émincé

Sel et poivre

MARINADE

10	cuisses de grenouille
2	c. à soupe de basilic pourpre haché
2	c. à soupe de sauce hoisin
2	c. à soupe de sauce soya
3	feuilles de limier
2	échalotes françaises hachées
1	gousse d'ail hachée
1/2	c. à thé de purée de piment fort (Sambal Oelek)
1	c. à thé de gingembre râpé
250	ml (1 tasse) d'huile d'olive

Sel et poivre

— Mélanger tous les ingrédients de la marinade dans un contenant qui ferme hermétiquement et y faire macérer les cuisses de grenouille. Mettre au réfrigérateur pendant 12 h.

— Dans une casserole remplie d'eau bouillante salée, cuire les nouilles. Elles doivent rester croquantes. Égoutter, enrober d'un peu d'huile de sésame et garder au chaud.

— Dans une poêle, chauffer 2 c. à soupe d'huile et faire sauter les légumes 2 min. Saler et poivrer. Garder au chaud.

— On peut cuire les cuisses de grenouille au barbecue ou à la poêle. Enfiler 5 cuisses de grenouille par brochette en bois préalablement trempée dans l'eau et les déposer sur la grille du barbecue. Les badigeonner d'un peu de marinade durant la cuisson.

— Sinon, dans la poêle, chauffer 2 c. à soupe d'huile et saisir les cuisses de grenouille des deux côtés. Baisser le feu et poursuivre la cuisson 8 min ou jusqu'à ce que la viande soit cuite. Déglacer avec un peu de marinade à la toute fin.

— Au service, déposer une portion de nouilles dans chaque assiette, garnir de légumes grillés et disposer les cuisses de grenouille en forme de tipi. C'est très joli.

Champagne suggéré :
CHARLES HEIDSIECK – Mise en Cave 2001

tartare de pétoncles
AUX FRAISES

Daniel Vézina venait d'inventer ce sublime tartare quand je l'ai goûté au Laurie Raphaël, à Québec, et j'ai su que je préparerais chaque été ce mariage insolite entre les fraises et les pétoncles, car je me suis crue au paradis quand la première bouchée a fondu dans ma bouche. C'est une pure merveille !

4 à 6 portions

HUILE AU BASILIC

75 ml (1/3 tasse) d'huile d'olive
75 ml (1/3 tasse) d'huile végétale
125 ml (1/2 tasse) de feuilles de basilic

VINAIGRETTE DE FRAISE

1 jaune d'œuf
1 c. à thé de moutarde de Dijon
1 c. à thé d'eau
1 c. à soupe de vinaigre à la fraise ou à la framboise
2 c. à soupe d'huile végétale
1 c. à soupe d'huile de noix
6 fraises moyennes, nettoyées et équeutées
Sel et poivre

TARTARE

225 g (1/2 lb) de pétoncles frais
5 fraises moyennes, nettoyées et équeutées
3 c. à soupe d'huile au basilic
1 c. à soupe de ciboulette hachée finement
1 c. à soupe de jus de citron
Fines herbes ou jeunes pousses pour la garniture

— Préparer d'abord l'huile au basilic. Verser dans le bol du mélangeur l'huile d'olive, l'huile végétale et ajouter les feuilles de basilic. Mélanger à vitesse maximale, puis passer au tamis fin.
— Pour la vinaigrette de fraise, mettre dans le bol du mélangeur le jaune d'œuf, la moutarde, l'eau et le vinaigre. Incorporer doucement les huiles, puis les fraises une à une. Mélanger jusqu'à consistance crémeuse. Assaisonner.
— Hacher les pétoncles en petits dés et les réserver au frais jusqu'à la dernière minute.
— Couper les fraises en petits dés et réserver au frais aussi.
— Dans un bol, mélanger les pétoncles avec les fraises et incorporer 3 cuillerées d'huile au basilic, la ciboulette et le jus de citron.
— Au moment de servir, au centre de chaque assiette, mettre le tartare à l'intérieur d'un emporte-pièce de 6 cm (2 1/2 po) de diamètre. Presser légèrement le tartare avant de retirer l'emporte-pièce.
— Garnir de fines herbes ou de jeunes pousses. Verser de la vinaigrette de fraise et des gouttes d'huile au basilic autour du tartare.

Champagne suggéré :
RUINART – Blanc de Blancs

beignets
DE CRABE CROUSTILLANTS ET SALSA DE MAÏS

Le café Ferreira à Montréal! Un restaurant où l'affabilité, la générosité de Carlos, le séduisant propriétaire, trouvent un écho dans la cuisine de Marino Tavares qui met du soleil dans tous les plats qu'il crée. C'est un formidable ambassadeur du Portugal, qui nous donne envie de mieux connaître la gastronomie de ce pays!

4 portions

SALSA DE MAÏS

1 sac de 750 g (26 oz) de maïs congelé
1 petit oignon rouge haché
1 gousse d'ail écrasée
175 ml (2/3 tasse) de persil haché
175 ml (2/3 tasse) de coriandre hachée
4 c. à soupe d'huile d'olive
1 c. à soupe de vinaigre de vin rouge
Tabasco, au goût
Sel

BEIGNETS DE CRABE

2 boîtes de 454 g (1 lb) de crabe congelé
2 poivrons rouges épépinés, en morceaux
1 petit oignon haché finement
1 gousse d'ail hachée finement
75 ml (1/3 tasse) de coriandre hachée
4 c. à soupe de chapelure panko japonaise*
4 c. à soupe de mayonnaise
Quelques gouttes de Tabasco
Sel
1 œuf battu
125 ml (1/2 tasse) de chapelure
4 c. à soupe d'huile
1 c. à soupe de beurre

* Cette chapelure s'achète dans les épiceries asiatiques et ne peut être remplacée par une autre.

— Préparer d'abord la salsa de maïs. Cuire le maïs à l'eau bouillante salée jusqu'à ce que les grains soient légèrement croquants. Faire refroidir, puis mêler aux autres ingrédients dans un saladier. Mettre au réfrigérateur.
— Défaire avec une fourchette les morceaux de crabe et mettre dans un bol.
— Dans une casserole, blanchir les poivrons dans l'eau salée 1 min. Égoutter et passer au mélangeur ou au robot culinaire. Les ajouter au crabe en même temps que l'oignon, l'ail, la coriandre, la chapelure japonaise, la mayonnaise et le Tabasco. Saler.
— Former 12 galettes et les placer au réfrigérateur de 1 à 2 h.
— Avant de faire cuire les beignets, les tremper d'abord dans l'œuf et les enrober de chapelure.
— Préchauffer le four à 180 °C (350 °F).
— Chauffer une poêle à feu moyen et ajouter l'huile et le beurre. Faire dorer les galettes des deux côtés et les déposer sur une plaque. Mettre au four 5 min.

Champagne suggéré :
DUVAL-LEROY – Brut Fleur de Champagne

bricks aux fruits de mer

Jean-Philippe Moulin, chez Ruinart, est si doué pour exprimer des suggestions d'accords mets-vins que je n'ai pu tout noter ce qu'il nous proposait, mais j'ai gardé cette idée «craquante». Et je lui promets d'essayer ultérieurement une pastilla réalisée aussi avec des feuilles de brick.

2 portions

3 pétoncles en cubes
4 grosses crevettes en morceaux
1 c. à soupe d'huile d'olive
125 ml (1/2 tasse) de palourdes en conserve, égouttées
2 c. à soupe de coriandre hachée finement
3 c. à soupe de persil haché finement
3 c. à soupe de ciboulette hachée finement
Zeste de 1 orange
2 feuilles de brick*
2 œufs
Huile pour la cuisson

* Ces feuilles sont vendues dans les épiceries moyen-orientales. Elles sont différentes et plus épaisses que les feuilles de pâte filo.

— Dans une poêle, faire revenir les pétoncles et les crevettes dans l'huile d'olive. Ajouter les palourdes quand les crevettes commencent à rosir, puis les fines herbes et le zeste d'orange.
— Déposer la moitié des fruits de mer au milieu de chacune des feuilles de brick. Former un nid au centre du mélange et y mettre un œuf.
— Replier la feuille de brick pour couvrir l'œuf et la garniture et sceller les bords. Agir rapidement car les feuilles sèchent vite. En attendant la cuisson, les recouvrir d'un chiffon humide.
— Dans une casserole ou une poêle profonde, verser 5 cm (2 po) d'huile et chauffer jusqu'à ce qu'elle soit prête pour la friture.
— À l'aide d'une spatule, déposer délicatement un brick dans l'huile chaude et frire de 1 à 2 min avant de le retourner. La pâte doit être croustillante. Surveiller, car cela cuit très rapidement si l'huile est bien chaude. Recommencer l'opération avec le deuxième brick.

Champagne suggéré :
BOLLINGER – Spécial Cuvée

langoustines

ET SEMOULE DE CHOU-FLEUR

Les boiseries rose pâle, les tapis moelleux du Grand Cerf, la poésie du paysage de la Champagne m'incitaient à penser que la même harmonie régnerait dans les assiettes et cette entrée de langoustines nous a effectivement séduits ! J'éprouve beaucoup de gratitude pour le chef Dominique Giraudeau qui a pris le temps d'écrire la recette lors de notre visite, car il était très fatigué, sa femme ayant accouché la veille !

4 portions

1/4	de chou-fleur
75	ml (1/3 tasse) de courgettes en petits dés
1/2	pamplemousse
2	dattes hachées finement
Une giclée de lime	
Une giclée de citron	
1/4	c. à thé de gingembre fraîchement râpé
Sel et poivre	
Menthe ciselée pour la garniture	
4	c. à soupe de beurre
Une pincée de curry	
16	langoustines

— Passer les bouquets de chou-fleur au mélangeur jusqu'à l'obtention d'une semoule grossière.

— Dans la casserole, faire bouillir le chou-fleur à peine 2 min, car il doit rester croquant. Égoutter et mettre dans un saladier. Dans la même eau, attendrir la courgette de 1 à 2 min. Égoutter rapidement et ajouter au chou-fleur.

— Retirer la pulpe du demi-pamplemousse, la hacher grossièrement et la mélanger à la préparation.

— Incorporer les dattes à la semoule de chou-fleur. Assaisonner avec quelques gouttes de lime et de citron, le gingembre, du sel et du poivre. Bien mêler et garnir de menthe.

— Dans une grande poêle, faire fondre le beurre, ajouter le curry et saisir les langoustines, à feu moyen, jusqu'à ce qu'elles soient cuites, environ 10 min.

— Déposer 4 langoustines dans chaque assiette avec la semoule de chou-fleur.

Champagne suggéré :
DE SAINT-GALL – Blanc de Blancs Premier Cru

mes dumplings

Le champagne accompagne volontiers les mets asiatiques tels les sushis, les nems ou les dumplings. La sauce parfumée aux agrumes rappelle les notes hespéridées que l'on découvre dans plusieurs champagnes.

60 dumplings

FARCE

1	carotte râpée
1	c. à soupe de gingembre râpé
3	oignons verts finement hachés
2	gousses d'ail écrasées
2	c. à soupe de sauce hoisin
1/4	c. à thé de cinq-épices
1	œuf
75	ml (1/3 tasse) de chapelure
3	champignons shiitake hachés

Pâte won-ton pour 60 dumplings

SAUCE

1	c. à soupe de jus d'orange
1	c. à soupe de jus de citron
2	c. à soupe de jus de lime
1	gousse d'ail hachée
1/4	c. à thé de Sambal Oelek
1	c. à thé de gingembre râpé
2	c. à soupe de sauce soya
1	c. à soupe de mirin ou de vin de riz

— Mêler tous les ingrédients de la farce.
— Mouiller avec un peu d'eau le pourtour de la pâte won-ton et déposer une cuillerée de farce au centre avant de replier et de sceller.
— Faire cuire à la vapeur 7 min.
— Mélanger ensemble les ingrédients de la sauce et servir avec les dumplings.

Champagne suggéré :
DE CASTELLANE – Commodore 1991

pot-au-feu

DE FOIE GRAS

Une recette encore meilleure quand les légumes sont fraîchement cueillis. Pour le foie gras, il suffit de connaître un boucher sympathique qui vous tranchera quatre belles escalopes.

4 portions

500	ml (2 tasses) de bouillon de poulet ou de bœuf
75	ml (1/3 tasse) de haricots verts hachés
75	ml (1/3 tasse) de carottes en fines rondelles
75	ml (1/3 tasse) de courgettes en petits dés (ou des boules minuscules à la cuillère parisienne)
75	ml (1/3 tasse) de navet en petits dés
4	escalopes de foie gras frais de 90 g (3 oz) chacune

Sel et poivre
Croûtons de pain (facultatif)

— Verser le bouillon dans une casserole, porter à ébullition et y attendrir les légumes, à peine 2 min. Retirer immédiatement les légumes du bouillon et les réserver. Garder le bouillon très chaud.
— Poêler les escalopes de foie gras 1 min de chaque côté. Assaisonner. Réserver.
— Disposer les légumes dans 4 assiettes creuses ainsi que les escalopes de foie gras et arroser de bouillon chaud.
— Servir immédiatement avec, si désiré, des croûtons pour saucer dans le bouillon.

Champagne suggéré :
KRUG – Grande Cuvée Brut

salade de maïs

ET CHORIZO À L'HUILE AU PERSIL

Ian Perreault, l'âme du restaurant montréalais Area, et moi avons eu le plaisir de partager le péché de gourmandise à l'émission *L'été, c'est péché*. J'ai alors adopté cette recette aussi délectable que colorée, à l'image de sa cuisine qui se décline sur tous les modes possibles, sauf celui de l'ennui. L'originalité et l'audace sont toujours au rendez-vous !

4 portions

1	chorizo de 145 g (5 oz)
4	épis de maïs
1	c. à thé de beurre ou d'huile
1	paquet de champignons enoki ou de Paris
1	échalote française ciselée
10	feuilles de basilic hachées
2	tomates italiennes en dés
125	ml (1/2 tasse) d'huile au persil
Sel et poivre	

HUILE AU PERSIL

2	bottes de persil plat
375	ml (1 1/2 tasse) d'huile d'olive

— Préparer d'abord l'huile au persil en faisant blanchir les feuilles de persil. Après 30 s, les tremper immédiatement dans un bac d'eau froide et de glace. Bien essorer avec un linge et hacher finement au couteau.

— Broyer au mélangeur en versant l'huile en un long filet jusqu'à l'obtention d'une purée de texture lisse et homogène. Laisser macérer 12 h au réfrigérateur avant de passer la préparation dans un filtre à café. L'huile au persil se conserve au réfrigérateur.

— Préparer les ingrédients pour la salade. Retirer la petite peau du chorizo, le trancher et faire griller rapidement dans une poêle légèrement huilée. Mettre dans un grand saladier.

— Avec un couteau, couper les grains des épis de maïs crus. Dans une poêle, avec le beurre ou l'huile, faire sauter les grains jusqu'à légère coloration. Ajouter au chorizo.

— Séparer les champignons enoki un à un ou trancher finement les champignons de Paris. Ajouter à la salade en même temps que les autres ingrédients. Assaisonner et servir.

Champagne suggéré : **MICHEL FORGET – Cuvée Jean Talon Brut Premier Cru**

tian de légumes
AU CHEDDAR DE LAIT CRU

C'est toujours un vrai plaisir de s'attabler chez Leméac, à Montréal, où l'accueil est si chaleureux, si attentif, à l'image du chef Richard Bastien, qui réussit à offrir une cuisine bourgeoise tout en évitant d'être trop classique ou de manquer d'audace. Une carte des vins renouvelée régulièrement, des serveurs qui savent vous conseiller de beaux accords; je traîne toujours un peu quand j'y vais.

4 portions

125 ml (1/2 tasse) d'huile d'olive
3 oignons moyens en dés
1 gousse d'ail entière
3 poivrons rouges moyens en dés
2 petites courgettes en dés
1 branche de thym
1 branche de romarin
Sel et poivre
4 tomates italiennes roma en dés
2 c. à soupe d'olives noires hachées
125 ml (1/2 tasse) de cheddar de lait cru râpé
3 courgettes
Huile d'olive pour badigeonner
Sel et poivre
2 tomates roma en rondelles
125 ml (1/2 tasse) de cheddar de lait cru râpé

VINAIGRETTE

5 c. à soupe d'huile d'olive
1 c. à soupe de vinaigre balsamique
1 échalote française finement hachée

— Dans une poêle, chauffer l'huile d'olive et faire suer l'oignon et l'ail sans laisser colorer, à feu moyen, 10 min.
— Ajouter le poivron, la courgette, le thym et le romarin, le sel et le poivre et cuire de 7 à 8 min.
— Ajouter les dés de tomates et poursuivre la cuisson 5 min. Vérifier l'assaisonnement et bien mélanger.
— Mettre à égoutter la ratatouille dans une passoire au-dessus d'un bol et laisser refroidir. Réserver le liquide obtenu pour le montage. Retirer la gousse d'ail, les branches de thym et de romarin.
— Ajouter les olives noires et le fromage à la ratatouille.
— À la mandoline, couper sur la longueur 16 lanières dans 2 courgettes. Couper en rondelles la troisième courgette.
— Préchauffer le four à 180 °C (350 °F).
— Huiler légèrement les lanières de courgettes, saler et poivrer. Les déposer sur une plaque à biscuits et cuire au four de 3 à 4 min. Laisser refroidir.
— Dans chacun des quatre moules à tartelettes de 10 cm (4 po), déposer quatre lanières de courgettes. Répartir la ratatouille et, sur le dessus, disposer en rosace les rondelles de tomates et de courgettes. Verser 1 c. à soupe du liquide de ratatouille par tartelette.
— Cuire les tians au four. Après 10 min, les démouler, éparpiller le fromage sur le dessus et remettre au four pour les gratiner légèrement.
— Au service, disposer les tians dans les assiettes. Mélanger les ingrédients de la vinaigrette et en verser un trait autour du tian.

Champagne suggéré :
GOSSET – Grande Réserve

pizza aux crevettes

Pour l'odeur alléchante de la pâte qui cuit au four, du fromage qui fond doucement et qui permet tout de même un accord mets-vin, malgré le casse-tête que pose souvent l'asperge.

2 portions

- 500 g (1 lb) d'asperges
- 16 grosses crevettes
- 2 c. à soupe de beurre
- 1 pâte à pizza de 30 cm (12 po) de diamètre
- 250 ml (1 tasse) de mozzarella râpée
- 2 c. à soupe de parmesan râpé

SAUCE

- 1 c. à soupe de beurre
- 1 oignon haché
- 1 gousse d'ail écrasée
- 125 ml (1/2 tasse) de vin blanc
- 1 boîte de 796 ml (28 oz) de tomates broyées

— Préparer d'abord la sauce en faisant revenir dans une poêle, le beurre, l'oignon et l'ail jusqu'à ce qu'ils soient transparents. Déglacer avec le vin blanc. Ajouter les tomates et cuire 10 min.
— Faire bouillir les asperges jusqu'à ce qu'elles soient tendres, mais encore croquantes, de 5 à 7 min. Réserver.
— Dans une poêle, faire sauter les crevettes dans le beurre jusqu'à ce qu'elles rosissent. Les couper en gros morceaux. Réserver.
— Préchauffer le four à 220 °C (425 °F).
— Étaler de la sauce tomate, au goût, sur la pâte à pizza. Disposer les asperges en étoile et garnir de crevettes. Éparpiller la mozzarella et le parmesan.
— Cuire au four jusqu'à ce que la pâte soit cuite et le fromage légèrement doré, environ 20 min.

Champagne suggéré :
MUMM – Cordon Rouge Brut

médaillons de homard

AU CHAMPAGNE ROSÉ

Giovanni Apollo, ce magicien italien passionné par la gastronomie, a étudié la chimie moléculaire pour bien comprendre la nature des aliments. Il les réinvente avec une joyeuse délinquance, une hardiesse inouïe qui épatent les gourmands : les couleurs, les saveurs explosent, enchanteresses, insolites et sensuelles. L'établissement auquel il a donné son nom est l'un des meilleurs restaurants de Montréal où l'on apporte son vin !

1 portion

- 200 ml (3/4 tasse) de champagne rosé
- 115 g (1/4 lb) de beurre doux
- 4 grains de poivre noir
- 5 pétales de roses frais ou 2 gouttes d'eau de rose
- 1/4 c. à thé de vanille
- 1 queue de homard décortiquée
- 2 c. à soupe de crème 35%
- Fleur de sel

— Dans une casserole, porter à ébullition le champagne. Incorporer le beurre en petites noisettes et laisser fondre doucement.
— Porter à ébullition et baisser le feu. Ajouter le poivre, les pétales de rose et la vanille. Laisser frémir 3 min, introduire un thermomètre et poursuivre la cuisson jusqu'à plus de 80 °C (176 °F).
— Plonger le homard dans la préparation et laisser cuire 4 min. Retirer et éponger.
— Porter la préparation à ébullition, ajouter la crème et laisser réduire jusqu'à consistance onctueuse. Filtrer et réserver.
— Détailler la queue en médaillons, les poêler à feu vif 1 min. Saupoudrer de fleur de sel.
— Servir aussitôt les médaillons nappés de sauce, accompagnés de haricots verts fins juste saisis ou d'une salade de mâche.

Champagne suggéré :
BILLECART-SALMON – Brut Rosé

crumble de morue

À LA TOMBÉE DE FIGUES, SAUCE AU MOÛT DE POMMES

Cette recette est extraite du livre de Diane Tremblay, qui a été couronné par le Gourmand World CookBook Awards 2006. Comme chef, elle appréhende la cuisine par le biais des cinq sens. Ils sont tous à l'honneur dans ses plats; les couleurs réjouissent l'œil, les odeurs séduisent dès qu'on passe la porte du restaurant Privilège, les papilles frémissent de plaisir caressées par des textures variées et parfois sonores. Et comme on apporte son vin, on peut consulter le menu du resto dans les succursales de la Société des alcools de Chicoutimi. Quelle bonne idée!

4 portions

TOMBÉE DE FIGUES

225 g (1/2 lb) de figues sèches
1 c. à soupe d'huile d'olive
1 petit oignon rouge haché finement
2 c. à soupe de cassonade
1 trait de vinaigre balsamique
1/2 c. à thé de sel de mer
Poivre
1 gros poireau

PURÉE DE BETTERAVES ET POIS CHICHES

4 betteraves pelées
1 petit oignon en morceaux
1 gousse d'ail écrasée
1 c. à thé de sel de mer
Poivre
1 courgette
2 c. à soupe d'huile d'olive
1/4 de poivron rouge en brunoise
1 c. à thé de curry
125 ml (1/2 tasse) de pois chiches cuits

CRUMBLE DE MORUE

4 c. à soupe de beurre demi-sel
125 ml (1 tasse) de chapelure
75 ml (1/3 tasse) de pistaches hachées
Zeste de 1/2 orange
Zeste de 1/2 citron
Fines herbes hachées, au goût
1 c. à thé de sel de mer
Poivre
1 c. à soupe d'huile d'olive
4 filets de morue (700 g /1 1/2 lb)

SAUCE AU MOÛT DE POMMES

125 ml (1/2 tasse) de moût de pommes
1 échalote française hachée
125 ml (1/2 tasse) de vin blanc
2 c. à soupe de beurre demi-sel froid en cubes
1 pincée de sel de mer
Poivre
1 c. à thé d'estragon finement haché

— Préparer les figues en les laissant gonfler dans l'eau tiède 6 h. Les hacher finement. Dans une poêle, chauffer l'huile et faire revenir les figues et l'oignon avec la cassonade. Laisser compoter, à feu doux, pendant 45 min.
— Déglacer avec le vinaigre balsamique et assaisonner.
— Couper la tête du poireau et la partie verte. Pratiquer une incision le long du poireau, puis détacher les feuilles une à une. Passer sous l'eau pour les nettoyer. Faire pocher les feuilles de poireau quelques minutes seulement pour les rendre souples. Rapidement, les immerger dans l'eau froide et bien égoutter. Couper chaque feuille d'une hauteur de 8 cm (3 po). Les farcir avec la tombée de figues et rouler en cigares bien serrés. Réserver.
— Préparer la purée de betteraves. Faire bouillir de l'eau et cuire les betteraves, l'oignon et l'ail jusqu'à tendreté dans une casserole couverte. Passer au presse-purée, assaisonner et réserver.
— Tailler dans la courgette 4 tranches dans le sens de la longueur. Dans une poêle, chauffer une cuillerée d'huile et, à feu moyen, saisir les tranches de courgette 30 s de chaque côté.
— Disposer une tranche de courgette contre la paroi intérieure d'un cercle à entremets de 6 cm (2 1/2 po). Remplir avec la purée de betteraves. En préparer trois autres et réserver.
— Dans une poêle, chauffer l'autre cuillerée d'huile et faire revenir le poivron avec le curry, à feu moyen, 1 min. Ajouter les pois chiches et mélanger pour les enrober. Réserver.
— Pour le crumble, à l'aide d'une cuillère en bois, fouetter le beurre en crème et ajouter la chapelure, les pistaches, les zestes et les fines herbes. Assaisonner et réserver.
— Préchauffer le four à 180 °C (350 °F).
— Dans une poêle pouvant aller au four, chauffer l'huile et mettre les filets de morue. Les couvrir du crumble et cuire, à feu vif, 1 min. Poursuivre la cuisson au four pendant 5 min. Retirer le poisson de la poêle pour préparer la sauce.
— Dégraisser la poêle, y verser le moût de pommes et laisser réduire de moitié avec l'échalote française. Ajouter le vin et laisser mijoter 2 min. Monter la sauce, à feu doux, en incorporant petit à petit le beurre. Assaisonner et ajouter l'estragon. Garder au chaud.
— Au moment de servir, réchauffer les roulés de poireau, les courgettes à la purée de betteraves et les pois chiches, en les mettant au four, de 8 à 12 min.
— Placer au moins 2 roulés de poireau dans chaque assiette et couvrir d'un crumble de morue. Disposer la courgette à la purée de betteraves, éparpiller les pois chiches et verser un peu de sauce au moût de pommes. Servir le reste de la sauce en saucière.

Champagne suggéré :
LAURENT-PERRIER – Cuvée Brut Rosé

saumon boucané

AU BEURRE BLANC À L'ÉRABLE

Je dois confesser que je boude le saumon depuis des années, car j'en ai trop mangé durant une certaine période. Mais quand j'ai découvert le merveilleux saumon boucané de Marcel Bouchard, de l'Auberge des 21, à La Baie, j'ai pensé aux Noëls de mon enfance avec leurs parfums de feu de bois, de sucre et à toute cette douceur. J'ai donc fait six heures de route pour apprendre du maître comment le préparer. Parfois, j'ai même la joie de cuire un saumon frais pêché.

4 portions

4 pavés de saumon avec la peau de 145 g (5 oz)
1 c. à soupe de cassonade ou de sucre d'érable
Sel de Guérande
2 c. à soupe de rhum
Huile ou beurre pour la cuisson
Sucre d'érable râpé pour la garniture

BEURRE BLANC

4 c. à soupe de vin blanc ou de champagne
4 c. à soupe de vinaigre de champagne ou de vin blanc
2 c. à soupe d'échalote française hachée finement
2 c. à soupe de crème 35%
115 g (1/4 lb) de beurre très froid, en 8 morceaux
1 c. à soupe de sirop d'érable

— Saupoudrer le saumon de cassonade, saler et arroser avec le rhum. Laisser reposer 5 min.
— Préparer le beurre blanc.
— Dans une casserole, à feu moyen, faire réduire le vin, le vinaigre et l'échalote jusqu'à l'obtention d'environ 2 c. à soupe de liquide. À l'aide d'un fouet, incorporer 1 c. à soupe de crème, le beurre (2 morceaux à la fois), le sirop d'érable et l'autre cuillerée de crème. Garder au chaud, préférablement au bain-marie.
— Soulever la grille du barbecue et placer un plat en aluminium directement sur les pierres (ou briquettes). Y déposer environ deux poignées de sciure de bois (n'importe quelle essence de bois, à l'exception des résineux). Remettre la grille, allumer et fermer le couvercle du barbecue.
— Dans une poêle, mettre un peu d'huile ou du beurre et saisir le saumon, côté chair, 1 min.
— Déposer ensuite les pavés de saumon, côté peau, sur la grille du barbecue. Cuire de 5 à 6 min. Pour savoir si le saumon est cuit, enfoncer la lame d'un couteau dans la chair la plus épaisse, la retirer et l'appliquer sur le poignet : si la lame est chaude, le saumon est à point.
— Disposer un pavé de saumon dans chaque assiette, napper de beurre blanc et garnir de pépites de sucre d'érable.
— Ce saumon est délicieux avec une macédoine de maïs, de gourganes et de pois verts.

Champagne suggéré :
ROEDERER – Brut Premier

boudin

ET SES PETITS CHOUX FARCIS

J'ai dégusté cette recette au superbe restaurant La Briqueterie où nous avait invités Charles Philipponnat. J'ai été autant séduite par le petit jardin en damier de ce Relais & Châteaux que par ce plat traditionnel auquel le goût de la pâte à choux ajoute une note sophistiquée (mais pas obligatoire). Et comme j'adore tous les plats «canailles» : charcuterie, boudins blancs ou noirs, rillons, je me suis régalée! J'ai tenté de reproduire ce mets pour vous.

4 portions

- 12 choux* de la grosseur d'une balle de golf
- 1 c. à soupe d'huile
- 4 boudins noirs
- 1 c. à soupe de beurre
- 3 pommes pelées, épépinées, en rondelles épaisses

* Les préparer avec une recette de pâte à choux sans sucre.

FARCE

- 1 c. à soupe de beurre
- 1/2 oignon haché finement
- 225 g (1/2 lb) de porc dans la partie des côtelettes, en dés
- 1 pomme pelée, épépinée, en dés
- 3 c. à soupe de pineau des Charentes blond
- 4 feuilles de sauge ciselées
- 5 c. à soupe de fond de veau

Sel et poivre noir ou de Séchouan

— Préparer la farce. Dans une poêle, fondre le beurre et y faire revenir l'oignon et le porc, à feu moyen, jusqu'à ce que la viande perde sa couleur rosée. Ajouter les dés de pomme, le pineau, la sauge et le fond de veau. Assaisonner et poursuivre la cuisson 2 min.

— À l'aide d'un couteau, tailler une fente dans les petits choux et les évider. Les réchauffer juste avant de les farcir.

— À l'aide d'une écumoire, retirer la garniture de la poêle et farcir les choux. Pour les garder chauds, mettre au four à 150 °C (300 °F). Faire réduire le jus de cuisson de moitié.

— Dans une poêle, chauffer l'huile et cuire le boudin 8 min. Couper chaque boudin en larges tronçons. Garder chaud au four.

— À la dernière minute, poêler dans le beurre les rondelles de pommes afin qu'elles soient tendres mais encore fermes.

— Dans une grande assiette de service, verser un peu du jus de cuisson réduit, disposer en alternance une tranche de pomme avec une tranche de boudin. Placer les choux farcis autour et servir immédiatement.

Champagne suggéré :
CATTIER – Clos du Moulin

ris de veau croustillants

FAÇON ROSSINI

Je me suis d'abord délectée de son ceviche aux agrumes et je garde un souvenir ému d'un tartare de canard aux deux sésames. Et voilà que Thierry Baron du restaurant Vertige, à Montréal, marie tout ce que j'aime : la viande, le foie gras et la truffe en interprétant la recette de Rossini. C'est aussi irrésistible que les premières mesures de *La Pie voleuse*!

4 portions

2 ris de veau de 200 g (7 oz) chacun
Sel et poivre
4 escalopes de foie gras de canard de 50 g (1 3/4 oz) chacune
1 poignée de jeunes pousses d'épinards
4 c. à soupe d'huile d'olive
4 tranches de pain brioché
1 c. à soupe de beurre plus 2 c. à soupe de beurre clarifié

SAUCE MADÈRE AUX BRISURES DE TRUFFE

1 c. à soupe d'huile végétale
2 échalotes françaises ciselées
75 ml (1/3 tasse) de vin blanc
75 ml (1/3 tasse) de madère
250 ml (1 tasse) de fond de veau
75 ml (1/3 tasse) de crème 35%
1 c. à thé de truffe hachée ou pâte de truffe
1 c. à thé d'huile de truffe
Sel et poivre

CHAMPIGNONS

4 champignons portobello
4 c. à soupe d'huile d'olive
1 c. à thé d'ail haché
1 branche de thym
Sel et poivre

— À l'avance, dégorger les ris de veau dans l'eau froide pendant 2 h.
— Mettre les ris de veau dans une casserole, les couvrir d'eau et porter à ébullition. Dès les premiers bouillons, les retirer et les immerger dans l'eau froide. Égoutter les ris de veau et enlever la membrane et les petits vaisseaux apparents.
— Les envelopper ensuite dans un linge, poser au-dessus un poids pour les presser et les aplanir. Mettre au réfrigérateur pendant 2 h.
— Préparer la sauce. Dans une casserole, chauffer l'huile et faire revenir les échalotes, à feu moyen, 2 min.
— Déglacer avec le vin blanc et le madère, laisser réduire de moitié. Ajouter le fond de veau et laisser réduire de près de la moitié. Verser la crème et faire mijoter 5 min.
— Battre à l'aide d'un mixeur 1 min et passer au chinois fin. Ajouter la truffe hachée et l'huile de truffe. Battre de nouveau au mixeur. Assaisonner et réserver.
— Saler et poivrer les escalopes de foie gras et mettre au réfrigérateur.
— Préchauffer le four à 160 °C (325 °F).
— Préparer les champignons, en retirer les pieds. Les déposer, la tête côté peau sur une plaque couverte de papier parchemin. Répartir l'huile, l'ail et le thym sur les champignons. Assaisonner. Cuire au four de 10 à 12 min. Réserver.
— Faire revenir les épinards doucement dans 2 c. à soupe d'huile d'olive et assaisonner en fin de cuisson. Réserver.
— Tailler les tranches de pain brioché avec un emporte-pièce rond de la même taille que les champignons cuits. Dans une poêle, chauffer 2 c. à soupe de beurre clarifié et faire dorer des deux côtés. Réserver.

— Juste avant de servir, tailler les ris de veau dans leur longueur en 4 fines escalopes. Dans une poêle, chauffer 2 c. à soupe d'huile et faire revenir les escalopes, à feu doux, de tous les côtés. Ajouter alors 1 c. à soupe de beurre et poursuivre la cuisson pour obtenir une légère croûte. Assaisonner. Garder au chaud.
— Préchauffer le four à 230 °C (450 °F).
— Dans une poêle antiadhésive, sans matière grasse, faire revenir les escalopes de foie gras 1 min de chaque côté. Mettre au four 2 min.
— Disposer dans chaque assiette, en étage, d'abord le champignon avec un quart des épinards. Mettre par-dessus le pain brioché, les escalopes de ris de veau et, pour finir, l'escalope de foie gras. Verser, dans l'assiette, un filet de sauce madère.

Champagne suggéré :
POL ROGER – Cuvée Winston Churchill 1996

carbonnade
FAÇON DUVAL-LEROY

Cette recette fait honneur aux origines belges de Carol Duval-Leroy, mais son livre de cuisine *Femme de Champagne* est un recueil de recettes de ses amis, de sa famille et de tous les plats qu'elle a préparés pour réjouir les copains. C'est vraiment un livre formidable, où les recettes sont aussi faciles que savoureuses, qu'on lit pour le plaisir ou dont on use en dégustant un verre de la cuvée Femme. Si vous allez en France, faites-vous le plaisir d'acheter ce bouquin !

4 portions

1 kg (2 lb) de bœuf (collier, basse-côte) en morceaux
4 c. à soupe de beurre
1 c. à soupe d'huile
3 oignons émincés
1 carotte en rondelles
Sel et poivre
2 c. à thé de farine
1/2 bouteille de champagne
250 ml (1 tasse) de bouillon de bœuf
2 c. à soupe de vinaigre
4 c. à soupe de cassonade
2 branches de thym
1 feuille de laurier

— Dans une poêle, faire revenir à feu modéré la viande avec 2 c. à soupe de beurre.
— Dans une casserole, chauffer le beurre restant avec l'huile et faire revenir l'oignon et la carotte, 2 min.
— Lorsque le bœuf est bien doré, le mettre dans la casserole, saler, poivrer et saupoudrer de farine en mélangeant.
— Ajouter les autres ingrédients.
— Laisser mijoter au moins 3 h à feu doux. Si nécessaire, ajouter du bouillon en cours de cuisson.

Champagne suggéré : **DUVAL-LEROY – Authentis Cumières 2001**

navarin

Un plat réconfortant, qu'on peut préparer la veille, car il est même meilleur réchauffé. Je l'ai dégusté un jour de froid avec reconnaissance.

6 à 8 portions

145 g (5 oz) de lard non salé
1 c. à thé d'huile d'olive
1,5 kg (3 lb) d'épaule d'agneau en petits cubes
1 c. à soupe comble de farine
125 ml (1/2 tasse) de champagne ou de vin blanc
5 tomates mondées, en cubes
1 bouquet garni
500 ml (2 tasses) de bouillon de poulet
6 c. à soupe de beurre
1/2 navet en dés
8 carottes en tronçons
10 petits oignons perles
15 à 20 pommes de terre grelots
2 gousses d'ail écrasées
1 c. à soupe de cassonade

— Dans un grand chaudron, faire fondre le lard avec l'huile. Ajouter l'agneau et faire rôtir les cubes de tous les côtés. Retirer la viande.
— Dégraisser le chaudron et y remettre la viande. Saupoudrer de farine. Mouiller avec le champagne ou le vin blanc. Ajouter les tomates, le bouquet garni et le bouillon de poulet. Cuire 1 h ou jusqu'à ce que la viande soit presque cuite.
— Dans une casserole, fondre le beurre et faire revenir les légumes, à feu moyen-doux, 10 min. Ajouter la cassonade, augmenter la chaleur et laisser rissoler quelques minutes jusqu'à ce que les légumes soient uniformément caramélisés.
— Ajouter les légumes à l'agneau. Poursuivre la cuisson de 20 à 30 min.

Champagne suggéré :
PHILIPPONNAT – Clos des Goisses 1992

cailles aux cerises

Ces cailles sont délicieuses servies avec un risotto aux champignons et quelques brins de cresson pour décorer.

6 à 8 portions

145 g (5 oz) de veau haché
145 g (5 oz) de porc haché
75 ml (1/3 tasse) d'amandes effilées ou de noisettes hachées
1 jaune d'œuf
125 ml (1/2 tasse) de cerises dénoyautées en conserve, hachées grossièrement
75 ml (1/3 tasse) de chapelure
12 cailles
24 tranches de bacon

— Préchauffer le four à 220 °C (425 °F)
— Dans un grand bol, mêler le veau, le porc, les amandes, le jaune d'œuf, les cerises et la chapelure et en farcir les cailles.
— Enrouler chaque caille avec deux tranches de bacon et les disposer dans une grande lèchefrite. Cuire au four environ 30 min. Les cailles sont cuites quand après y avoir délicatement enfoncé un couteau, le jus qui s'écoule est rosé.

Champagne suggéré :
EGLY-OURIET – Blanc de Noirs Grand Cru

magret de canard rôti

ET SA SAUCE À LA FRAMBOISE

Le P'tit Lyonnais est MON resto de quartier! Depuis quelques années, l'accueil si souriant de Laurent Plantavin, la cuisine savoureuse de Patrick Cratère me gardent fidèle à cet endroit si sympathique où l'on propose une carte des vins à prix très doux. Et maintenant, j'ai enfin la recette du canard aux framboises dont je me suis plusieurs fois délectée.

4 portions

4	magrets de 225 g (1/2 lb) chacun
1	c. à soupe de beurre
75	ml (1/3 tasse) d'échalotes françaises ciselées
3	c. à soupe de cognac ou de brandy
3	c. à soupe de sucre
200	g (7 oz) de framboises fraîches
3	c. à soupe de vinaigre à la framboise
1	bouquet garni (thym, persil, romarin, vert de poireau)
1/2	c. à thé de sel
Poivre	
300	ml (1 1/4 tasse) d'eau

— À l'aide d'un couteau, quadriller le gras sur le dessus du magret. Faire chauffer une poêle à feu vif et y déposer les 4 magrets côté gras. Après environ 5 min, une fois que la graisse a bien fondu, les retourner côté chair, réduire la chaleur et laisser colorer, 1 à 2 min.

— Préchauffer le four à 180 °C (350 °F).

— Placer les magrets sur une plaque et les cuire au four de 5 à 6 min pour une cuisson rosée et de 8 à 10 min pour une cuisson à point. Garder au chaud.

— Pendant ce temps, préparer la sauce. Enlever la graisse de la poêle. Ajouter le beurre et l'échalote, et laisser colorer, à feu moyen-doux, 2 min.

— Chauffer le cognac 30 s, flamber et ajouter le sucre, les framboises, le vinaigre et le bouquet garni. Saler et poivrer. Remuer afin d'obtenir une sauce homogène. Ajouter l'eau, porter à ébullition et laisser réduire, à feu moyen-doux, de 5 à 10 min. Passer la sauce au chinois.

— Au service, trancher les magrets. Verser de la sauce dans les assiettes et disposer les tranches de magrets.

Champagne suggéré :
E. BARNAUT – Blanc de Noirs Brut

poulet au champagne

Je cuisine ce poulet quand il me reste l'équivalent d'une tasse de champagne dans une bouteille. Ce qui est plutôt rare! C'est une recette aussi facile à préparer qu'élégante à servir. Les pommes de terre rattes accompagnent très bien ce plat ou simplement un riz nature.

4 à 6 portions

3	c. à soupe de beurre
1	oignon émincé
1	poulet en morceaux
3	c. à soupe de farine
2	c. à soupe de cognac
250	ml (1 tasse) de champagne
250	ml (1 tasse) de bouillon de poulet
250	ml (1 tasse) de champignons émincés
1	c. à thé de zeste de pamplemousse
2	c. à soupe de crème 35%

— Dans une grande casserole, faire fondre le beurre et laisser rissoler l'oignon 2 min avant d'ajouter les morceaux de poulet.

— Lorsque le poulet est bien doré, saupoudrer la farine et bien en enrober les morceaux. Déglacer avec le cognac. Mouiller avec le champagne et le bouillon, couvrir et cuire à feu doux. Après 1 h, ajouter les champignons, le zeste de pamplemousse et poursuivre la cuisson 30 min.

— Juste avant de servir, incorporer la crème.

Champagne suggéré :
PIPER-HEIDSIECK – Cuvée Rare

strudel frit de riopelle

ET COMPOTE D'OIGNONS

Cette recette me vient de Marc Vézina. L'homme est modeste alors qu'il pourrait montrer beaucoup d'orgueil, car faire une si belle cuisine d'une manière aussi constante est un défi. La Gaudriole, à Montréal, est un havre de paix où les gourmands sont séduits par l'inventivité du chef.

4 portions

115 g (1/4 lb) de beurre salé fondu
1 gros oignon haché finement
1 pomme Idared
2 c. à thé de sirop d'érable
4 c. à soupe de chardonnay
170 g (6 oz) de Riopelle de l'Isle
4 feuilles de pâte filo
Feuilles de 4 branches de romarin hachées
Poivre noir du moulin
375 ml (1 1/2 tasse) d'huile de maïs
Garniture : 4 branches de romarin et du sirop d'érable

— Dans une poêle, à feu modéré-doux, faire fondre 2 c. à soupe de beurre et laisser rissoler l'oignon jusqu'à ce qu'il soit bien coloré.
— Couper la pomme en deux sans la peler et retirer le cœur. Réserver une moitié pour la garniture. Tailler l'autre moitié en julienne et l'ajouter à l'oignon en même temps que le sirop d'érable et le vin.
— Réduire le feu et cuire jusqu'à ce que l'oignon soit en compote et le liquide, évaporé. Ajouter de l'eau pour prolonger la cuisson, au besoin.
— Sans retirer la croûte, couper le fromage en quatre bâtonnets.
— Badigeonner avec un peu de beurre la moitié d'une feuille de pâte filo. Replier l'autre moitié sur la partie beurrée. Placer un morceau de fromage au bout du rectangle obtenu et déposer 1/8 de la compote d'oignons, un peu de romarin et une pincée de poivre concassé.
— Rouler en rabattant, au demi-tour, la pâte qui dépasse de chaque côté du fromage pour bien sceller les extrémités. À la fin, humidifier avec de l'eau le bout de la pâte pour éviter que le strudel ne se déroule à la cuisson.
— Couper en quatre quartiers la demi-pomme réservée et cuire les quartiers doucement dans un peu de beurre, jusqu'à ce qu'ils soient bien tendres. Au moment de servir, colorer à feu vif.
— Dans une poêle, chauffer juste assez d'huile pour couvrir les strudels. Les frire 2 min de chaque côté. Les égoutter sur du papier absorbant.
— Sur chaque assiette, déposer au centre un quartier de pomme chaud et 1/8 de la compote d'oignons. Placer par-dessus un strudel en équilibre et le piquer d'une branche de romarin. Arroser d'un trait de sirop d'érable.

Champagne suggéré :
PAUL GOERG – Millésime 2000 Premier Cru

soufflé au Valbert

Un plat facile et rapide à préparer et qui me donne l'occasion de faire connaître ce fromage de notre terroir à mes amis étrangers.

6 portions

4 c. à soupe de beurre
4 c. à soupe de farine
450 ml (1 3/4 tasse) de lait
170 g (6 oz) de fromage Valbert râpé (ou gruyère, comté, emmenthal)
4 œufs (jaunes et blancs séparés)
Une pincée de sel
Une pincée de crème de tartre
2 c. à soupe de fines herbes hachées finement (persil, ciboulette, cerfeuil)
Chapelure pour la garniture

— Préchauffer le four à 200 °C (400 °F).

— Dans une casserole, faire fondre le beurre et ajouter la farine. Remuer avec une cuillère en bois jusqu'à l'obtention d'un roux blond. Verser petit à petit le lait sans cesser de tourner afin d'éviter la formation de grumeaux. Ajouter le fromage et continuer à remuer jusqu'à ce qu'il ait fondu. Laisser tiédir.

— Lorsque le mélange n'est plus chaud, à l'aide d'un fouet, incorporer les jaunes d'œufs un à un.

— Monter en neige les blancs d'œufs avec le sel et la crème de tartre. Incorporer délicatement à la béchamel. Ajouter les fines herbes.

— Verser la préparation dans un plat à soufflé ou des ramequins beurrés. Saupoudrer de chapelure et mettre au four. Les ramequins seront prêts après 20 min, tandis que le plat à soufflé prendra le double de temps. Surtout ne jamais ouvrir la porte du four avant la fin de la cuisson, sans quoi le soufflé ne monterait pas. Servir aussitôt.

Champagne suggéré :
DEUTZ – Brut Classic

blanc-manger

AU SIROP DE FRAISE, GRANITÉ AU CHAMPAGNE

Le restaurant La Noce, à Québec : la belle surprise de 2006 ! Un chef, Martin Guillemette, qui respecte les grandes règles de la cuisine tout en lui apportant un côté ludique, taquin, pimpant. C'est le printemps dans les assiettes, c'est jeune, tonique, créatif. On a envie de tout essayer, les vins comme les plats et même les champagnes, car ils sont offerts à prix doux…

6 à 8 portions

SIROP DE FRAISE

500 ml (2 tasses) d'eau minérale gazeuse
375 ml (1 1/2 tasse) de sucre
3 anis étoilés
1 gousse de vanille
200 g (7 oz) de fraises des bois ou autre, congelées

GRANITÉ AU CHAMPAGNE

375 ml (1 1/2 tasse) du sirop de fraise
375 ml (1 1/2 tasse) de champagne brut
Jus de 1/2 citron

BLANC-MANGER

6 feuilles de gélatine
500 g (1 lb) de fromage à la crème à la température ambiante
200 ml (3/4 tasse) de sucre
125 ml (1/2 tasse) d'amandes moulues
2 c. à soupe d'amaretto
1 gousse de vanille
450 ml (1 3/4 tasse) de crème 35%

— Préparer d'abord le sirop de fraise. Dans une casserole, chauffer l'eau avec le sucre, l'anis étoilé et la gousse de vanille jusqu'à dissolution complète du sucre. Laisser refroidir.
— Retirer et mettre de côté la gousse de vanille. Ajouter les fraises sortant du congélateur. Placer au réfrigérateur.
— Pour le granité, dans un bol en métal ou en plastique, mélanger le sirop de fraise, le champagne et le jus de citron. Placer au congélateur toute la nuit.
— Le blanc-manger se prépare en faisant tremper la gélatine dans un peu d'eau tiède 5 min.
— Dans un bol, travailler à la cuillère en bois le fromage et le sucre. Incorporer les amandes et l'amaretto. Avec un couteau, pratiquer une incision le long de la gousse de vanille et gratter l'intérieur au-dessus du bol.
— Fouetter légèrement la crème de 1 à 2 min et l'incorporer au mélange.
— Faire fondre la gélatine au bain-marie et l'ajouter au mélange.
— Verser le blanc-manger dans des coupes et laisser reposer au réfrigérateur au moins 2 h.
— Au moment de servir, verser un peu de sirop de fraise sur les blancs-mangers et, à l'aide d'une fourchette, gratter le granité au-dessus.

Champagne suggéré :
MOËT & CHANDON – Brut Impérial Rosé

parfait au chocolat blanc

FARCI À L'ORANGE CONFITE ET SABLÉS AUX NOISETTES

On adore le restaurant Aszù, à Montréal, pour s'être si sérieusement voué au vin; tout y est pensé pour mettre les crus en valeur et inviter le gourmand à la découverte dans un univers chic mais décontracté où la cuisine des chefs Pierre-Guy Bluteau et David Couture démontre un vif intérêt pour les accords mets-vins. Leur parfait au chocolat blanc me fait oublier que je ne jure que par le chocolat noir...

6 à 8 portions

200 g (7 oz) de chocolat blanc
125 ml (1/2 tasse) de crème 35%
1 c. à thé de vanille
250 ml (1 tasse) de sucre à glacer
3 gros blancs d'œufs
Garniture : crème fouettée, suprêmes d'orange et feuilles de menthe

ORANGES CONFITES*

3 oranges sans pépins
4 c. à soupe d'eau
125 ml (1/2 tasse) de sucre

* Les oranges confites peuvent se faire à l'avance et se conserver au réfrigérateur ou, si le temps manque, on peut utiliser une marmelade ou une bonne confiture d'oranges. La préparation peut être parfumée avec 2 cuillerées de liqueur d'orange.

COULIS DE FRAMBOISES

500 g (1 lb) de framboises congelées ou fraîches
250 ml (1 tasse) de sucre
Jus de 1/2 citron

— Faire fondre le chocolat blanc au bain-marie. Laisser tiédir à la température ambiante.
— Dans un bol, fouetter la crème avec la vanille et 2 c. à soupe de sucre à glacer jusqu'à ce qu'elle soit ferme. Mettre au réfrigérateur.
— Monter les blancs d'œufs en neige ferme en ajoutant graduellement le reste du sucre à glacer. Incorporer à la crème fouettée délicatement, puis ajouter le chocolat tiédi.
— Remplir aux trois quarts 6 à 8 ramequins en veillant à conserver dans le bol au moins le sixième de la préparation. Placer au congélateur les ramequins et le bol, pendant 1 h.
— Pendant ce temps, préparer les oranges confites. Laver les oranges et les peler. Retirer le plus possible la membrane blanche de la moitié des pelures. Hacher grossièrement la pelure obtenue et faire blanchir quelques minutes pour éliminer l'amertume. Rafraîchir à l'eau froide.
— Avec un couteau, retirer les suprêmes entre les fines membranes de l'orange et les hacher finement. Dans une casserole, porter à ébullition l'eau et le sucre. Ajouter les pelures et les suprêmes hachés et laisser cuire, à feu doux, jusqu'à l'obtention d'un mélange sirupeux, environ 10 min. Laisser refroidir.

— Lorsque la préparation au chocolat blanc a pris, à l'aide d'une cuillère parisienne ou à café, former une cavité au centre de chaque ramequin et y mettre 2 c. à soupe d'oranges confites. Remplir les ramequins avec ce qui reste de la préparation dans le bol. Couvrir d'une pellicule plastique et remettre au congélateur au moins 3 h.
— Mettre tous les ingrédients du coulis de framboises dans une casserole, porter à ébullition et laisser mijoter de 2 à 3 min. Passer au chinois et mettre au réfrigérateur. Ce coulis peut se conserver plusieurs jours.
— Quelques minutes avant de servir, déplacer les ramequins au réfrigérateur.
— Au service, déposer du coulis de framboises au centre de chaque assiette. On peut décorer en traçant des filets dans le coulis avec de la crème légèrement fouettée ou un autre coulis.
— Démouler les parfaits au centre du coulis. Garnir le dessus avec des suprêmes d'orange, une feuille de menthe et un sablé aux noisettes.

Champagne suggéré : **CHARLES HEIDSIECK – Blanc des Millénaires Brut 1990**

18 à 24 biscuits

SABLÉS AUX NOISETTES

325 ml (1 1/3 tasse) de farine
125 ml (1/2 tasse) de noisettes moulues
Une pincée de sel
200 ml (3/4 tasse) de sucre à glacer
115 g (1/4 lb) de beurre à la température ambiante
3 jaunes d'œufs

— Dans un bol, mélanger tous les ingrédients secs. Ajouter le beurre et travailler le mélange avec une cuillère en bois pour obtenir une consistance granuleuse.
— Incorporer les jaunes d'œufs et bien mélanger. Travailler le moins possible la pâte, qui devra refroidir au réfrigérateur pendant 1 h.
— Abaisser la pâte sur une surface farinée pour obtenir une épaisseur de 3 mm (1/8 po) et découper des cercles à l'aide d'un emporte-pièce.
— Préchauffer le four à 180 °C (350 °F).
— Déposer sur une plaque à biscuits et cuire de 5 à 7 min jusqu'à ce que le tour soit légèrement doré.
— Se conserve dans un contenant hermétique environ 1 semaine.

Champagne suggéré :
POMMERY – Brut Royal

charlotte aux framboises

Le biscuit rose de Reims est si joli que j'ai eu envie d'inventer un dessert où il serait à l'honneur et entier, car ce biscuit, assez ferme, est souvent utilisé après avoir été broyé. C'est un peu dommage!

6 à 8 portions

- 6 jaunes d'œufs
- 125 ml (1/2 tasse) de sucre
- 2 1/2 feuilles de gélatine trempées dans l'eau froide
- 500 g (1 lb) de framboises congelées
- 500 ml (2 tasses) de crème 35%
- 12 à 14 biscuits roses de Reims*

* Le nombre de biscuits dépend de votre moule à charlotte. On peut aussi utiliser des biscuits boudoirs, mais le goût ne sera pas tout à fait le même.

SIROP

- 200 ml (3/4 tasse) de sucre
- 200 ml (3/4 tasse) d'eau
- 2 c. à soupe de liqueur de fraise des bois Fragoli (ou eau-de-vie de framboise, kirsh, rhum)

— Pour le sirop, dissoudre le sucre dans l'eau, à feu moyen-doux, jusqu'à ébullition. Verser dans un bol et laisser refroidir. Ajouter l'alcool choisi.

— Dans un bol à mélanger en métal, battre les jaunes d'œufs et le sucre jusqu'à ce que le mélange pâlisse.

— Placer le bol au-dessus d'un bain-marie. À feu moyen, faire épaissir le mélange, en fouettant continuellement. Attention, l'eau ne doit pas bouillir à gros bouillons. Lorsque le mélange est onctueux, retirer le bol du bain-marie. Incorporer la gélatine. Laisser refroidir à la température ambiante.

— Mettre de côté quelques framboises pour la décoration. À l'aide d'une cuillère en bois, écraser les autres framboises. On peut filtrer les grains dans une passoire à larges trous, mais ce n'est pas essentiel.

— Ajouter la purée de framboises au premier mélange.

— Fouetter la crème 35%, en mettre de côté 3 c. à soupe pour la décoration et incorporer au mélange aux framboises.

— Mettre un peu de l'appareil aux framboises au fond d'un moule à charlotte pour éviter que les biscuits glissent. Tremper rapidement les biscuits dans le sirop et les disposer dans le moule. Versez la crème aux framboises et réfrigérer au moins 6 h.

— Démouler et garnir du reste de crème fouettée et des framboises.

Champagne suggéré :
BRUNO PAILLARD – Brut Première Cuvée Rosé

la comète

RÉPERTOIRE DE CUVÉES DÉGUSTÉES

CHAMPAGNE ALFRED GRATIEN – Brut Classique
Vif au nez, porté sur le citron et la minéralité, il est particulièrement fin en bouche. Sa finale est tranchante, nerveuse, très désaltérante. Pour l'apéritif absolument.

CHAMPAGNE BOIZEL – Blanc de Blancs
Un souvenir de nougat, de sucre filé, de dragées et de crème fraîche ! Du bonbon en bulles très fines et très distinguées. Le marché du Québec a la chance d'avoir la Cuvée Sous Bois sur le millésime 1990, plus axée sur la vanille et la noisette, et idéale avec les rillettes de saumon et crabe de Chrystine Brouillet.

CHAMPAGNE BILLECART-SALMON – Brut Rosé
Sans doute l'un des meilleurs rosés champenois, plus subtil que racé et plus délicat que corsé. Le pinot noir est bien présent par ses arômes de fruits rouges des champs. Les amateurs de rosés élégants apprécieront.

CHAMPAGNE BOLLINGER – Spécial Cuvée
Toujours vineux et riche, transportant des arômes de brioche et de cake qu'on retrouve en bouche associés à ceux d'écorce d'orange, cette cuvée « basique » où le pinot noir domine démontre que la maison Bollinger est l'ambassadrice éternelle de ce cépage. Les cuvées R.D. et Grande Année sont des incontournables pour tout amateur de champagne.

CHAMPAGNE BRUNO PAILLARD – Brut Première Cuvée Rosé
La volonté de M. Paillard a toujours été d'offrir ce qu'il y a de mieux. Et quelles que soient les cuvées qui portent son nom, il tient parole. Son rosé est puissant, moelleux et raffiné. Son parfum de fraise et de framboise fait agréablement écho à un feuilleté aux fruits d'été. Les amateurs de chardonnay se doivent de goûter la cuvée Blanc de Blancs 1995, d'une finesse remarquable.

CHAMPAGNE CATTIER – Clos du Moulin
Aussi méconnu que splendide et abordable parmi les grandes cuvées, ce champagne est un must dans la cave de l'amateur de grands vins. Plénitude et délicatesse, truffe et tabac sont toujours au rendez-vous.

CHAMPAGNE CHARLES HEIDSIECK – Blanc des Millénaires 1990 Brut
Un blanc de blancs tout en rondeur, avec un parfum très fin d'aneth, de fougère et de purée de marrons. Un vrai coup de cœur pour cette cuvée de prestige ! Idéal pour l'apéritif d'un grand événement.

CHAMPAGNE CHARLES HEIDSIECK – Mise en Cave 2001
Comme la plupart des Mise en Cave d'années antérieures, on retrouve la rondeur et la générosité. Côté aromatique, l'exotisme domine ici : ananas, mangue, noix de coco et pistache. Un champagne qu'on doit tenir régulièrement en cave, car il s'adapte à tous les moments de dégustation.

CHAMPAGNE DANIEL DEHEURLES – Pinot Noir 1990
Du champignon et du cacao au nez pour une belle structure en bouche qui permet à ce champagne d'être couché en cave quelque temps. Une volaille à la crème aux cèpes et aux pleurotes ou le pot-au-feu de foie gras de Chrystine Brouillet lui seront divinement associés.

CHAMPAGNE DE CASTELLANE – Cuvée Commodore 1991
Une cuvée de prestige trop méconnue qui présente toujours autant de rondeur que les courbes de sa bouteille. Ce millésime est prêt à boire. Tous ses parfums sont ceux d'une balade en forêt au petit matin : d'abord l'herbe fraîche, puis les fougères et enfin les champignons. Pour un apéritif luxueux.

CHAMPAGNE DE SAINT-GALL – Blanc de Blancs Grand Cru
Un blanc de blancs extra-brut très frais, qui rappelle la poire japonaise, l'angélique et les biscuits au beurre. Et qui accompagne très bien les coquillages.

CHAMPAGNE DEUTZ – Cuvée William Deutz Millésime 1996
Quel beau souvenir que ce champagne dégusté en plein ciel, sur Air France. Il offre des parfums de tilleul et de foin coupé, et un goût de litchi. La cuvée Brut Classic, plus simple, est enfin au Québec et elle va ensoleiller nos plats de fruits de mer.

CHAMPAGNE DRAPPIER – Brut Nature
Particulièrement fruité, tant au nez qu'en bouche. Les amateurs d'absence de dosage apprécieront toutes les caractéristiques du pinot noir de la Montagne de Reims, à l'état pur : vif, racé et puissant. La cuvée de prestige La Grande Sendrée 1996 est à classer parmi les 10 meilleures en Champagne.

CHAMPAGNE DUVAL-LEROY – Authentis Cumières 2001
Ensorceleur au nez comme en bouche, ce vin a des parfums de beurre et de brioche, et une grande finesse des bulles, qui épousent un large volume. Une pointe de torréfaction en finale, associée à de la fraîcheur, bref, tous les ingrédients pour séduire, tel que l'aura sûrement désiré Carol Duval-Leroy ! Associer ce champagne de femme à la recette d'une autre femme va de soi : le navarin de Chrystine Brouillet.

CHAMPAGNE DUVAL-LEROY – Brut Fleur de Champagne
Très élégant, beurré, avec une pointe d'ananas, de fleur de vigne. De la dentelle ! Au Québec, la bouteille de 500 ml est idéale pour un apéritif à deux ou à trois.

CHAMPAGNE EGLY-OURIET – Blanc de Noirs Grand Cru
Costaud mais distingué, c'est du pinot noir à 100 %, qui sent les fruits secs, puis le grué de cacao, après quelques minutes dans le verre. À essayer à table, avec un tajine de faisan aux raisins secs et aux amandes.

CHAMPAGNE ERICK DE SOUSA – Cuvée des Caudalies 1999
Aussi petit que remarquable, ce domaine offre des trésors, et cette cuvée est une perle qu'on servira en entrée pour démarrer à son image, avec distinction et ampleur.

CHAMPAGNE ERIC RODEZ – Cuvée des Grands Vintages
À la fois puissant et charnel, le volume est léger mais tapissant, laissant en bouche des arômes d'écorce d'orange, de fruits confits et d'épices. Il est assez riche pour le déguster avec un homard à la parisienne, par exemple.

CHAMPAGNE HENRI GIRAUD – Esprit
Intense au nez, avec de multiples parfums comme la poire vanillée, le poivre ou la frangipane, c'est une cuvée ensorceleuse à la fois onctueuse et puissante en bouche où l'on retrouve la touche de tartelette amandine initialement décelée. Un champagne aussi rare que « spiritueux » pour amoureux du terroir champenois.

CHAMPAGNE JACQUES LASSAIGNE – Alexandre L. Blanc de Blancs 2000

Très expressif et puissant, le chardonnay dans sa plus pure expression de l'Aube, grenier des cépages champenois. Idéal en entrée ou à conserver jusqu'en 2010.

CHAMPAGNE JACQUES SELOSSE – Extra Brut

Comme chez son vinificateur, la personnalité est forte. Profondeur et puissance résument la sensation qu'on a lorsqu'on découvre ce vin qui n'a pas subi de débourbage après la vendange. À la fois frais et toasté, il est idéal pour ouvrir l'appétit.

CHAMPAGNE JOSEPH PERRIER – Cuvée Royale Brut

À la fois opulent et tendre, porté sur les zestes d'agrumes et long en bouche, c'est une cuvée qui conviendra parfaitement pour les repas à base de petits gibiers servis grillés, sans sauce, accompagnés d'une purée de panais, par exemple.

CHAMPAGNE KRUG – Grande Cuvée

La simplicité n'existe pas chez Krug, seule la complexité règne. Même ce vin, qu'on peut considérer comme la cuvée basique de la maison, est digne d'une cuvée de prestige où tout est finesse et profondeur. Pour les grands moments de la vie.

CHAMPAGNE LANSON – Black Label Brut

Un classique toujours aussi fiable. Droit et charpenté, un peu végétal et très long, idéal pour un apéritif gourmand où les mets épicés sauront lui tenir tête.

CHAMPAGNE LAURENT-PERRIER – Cuvée Brut Rosé

Un superbe équilibre ! Réussir un rosé est un travail de funambule, il ne faut pencher ni trop d'un côté ni trop de l'autre. Ici, tout est nuances… À l'heure du thé, mais à la place du thé, accompagné de biscuits aux amandes.

CHAMPAGNE LOUISE BRISON – Cuvée Tendresse 1998

Du chardonnay de la Côte des Bar qui ne manque pas de fraîcheur et d'acidité, tout en offrant des fruits blancs vanillés. Un peu de temps en cave lui apportera du gras et de la longueur.

CHAMPAGNE MERCIER – Cuvée Eugène Mercier

Est-ce parce qu'une femme est la maîtresse des caves que les cuvées de cette maison au passé publicitaire époustouflant se sont grandement améliorées ? En tout cas, cette cuvée où dominent les fruits cuits sans acidité agressive, associés à une belle rondeur, est aussi abordable qu'agréable. Pour le repas, avec la dinde de Noël, par exemple.

CHAMPAGNE MICHEL FORGET – Cuvée Jean Talon Brut Premier Cru

Avec le nom que porte cette cuvée, il est difficile de ne pas être tenté par sa dégustation lorsqu'on est québécois. Vif, charnu et vineux, c'est un champagne qui sent discrètement le biscuit et qui conviendra très bien au cours d'un buffet où les mets sont variés.

CHAMPAGNE MOËT & CHANDON – Brut Impérial Rosé

Parfum de fraise, de mandarine ; goût de cerise et de menthe tapissant joliment le palais tout en étant léger. La « grande maison » a également élaboré une cuvée rosée millésimée 1999 irrésistible. Maîtriser une telle constance de qualité sur une telle production de bouteilles force le respect.

CHAMPAGNE MUMM – Cordon Rouge Brut

Des arômes de pamplemousse, puis de vanille. Un goût de pain frais, de noisette. Un champagne qui s'ouvre tout doucement pour atteindre une belle plénitude. L'apéritif par excellence du Grand Prix de F1 de Montréal, alors pourquoi pas le nôtre !

CHAMPAGNE NICOLAS FEUILLATTE – Brut Réserve Particulière
Une robe d'or pâle, l'idée de la poire, du miel, des raisins secs. Légèrement herbacé… Les recettes de cannelés salés ou de bruschetta à la mangue de Chrystine Brouillet sont très adaptées.

CHAMPAGNE PAUL GOERG – Millésime 2000 Premier Cru
Un bon goût de brioche et d'orange confite, et une texture tendre qui charme dès l'attaque en bouche. Une magnifique surprise ! Convient très bien aux soufflés servis en entrée (au fromage ou aux fruits de mer).

CHAMPAGNE PHILIPPONNAT – Clos des Goisses 1992
Cappuccino et truffe au nez. L'attaque en bouche transporte des parfums d'amande douce, de pistache, se poursuit sur une texture riche. La finale est fumée, en raison du vieillissement sur lies. Quelques notes de bois de santal. L'une des meilleures cuvées de prestige de champagne, quels que soient les millésimes. Unique !

CHAMPAGNE PHILIPPONNAT – Grand Blanc
Une douceur émouvante aux effluves d'acacia, de pâtisserie au beurre et à la crème. Une pure gourmandise ! Elle se suffit à elle seule, mais les gourmands l'apprécieront aussi avec du homard au beurre blanc.

CHAMPAGNE PIERRE GIMONNET ET FILS – Fleuron 1996
À la fois droit et plein, sans manquer de finesse. Les amateurs de blanc de blancs goûteront l'un des meilleurs chardonnays champenois, sur un millésime exceptionnel. Pour un apéritif distingué ou avec la pizza aux crevettes de Chrystine Brouillet.

CHAMPAGNE PIPER-HEIDSIECK – Cuvée Rare
Une odeur qui rappelle d'abord le bord de mer, les algues, les galets, puis un parfum de réglisse, de cardamome, de poire et de pâte de fruits. Très frais et même tonique ! L'élégance de la bouteille va somptueusement décorer la table au cours du service d'un poulet farci au jambon, par exemple.

CHAMPAGNE POL ROGER – Cuvée Winston Churchill 1995
Un champagne inoubliable, majestueux, ample, souple. Royal ! Avec un filet de cerf de Boileau relevé d'une sauce aux épices, votre repas sera magique. Ou en fin de soirée, avec un cigare. C'est assurément l'une des plus belles cuvées de prestige sous ce millésime.

CHAMPAGNE POMMERY – Cuvée Louise 1995
Pour son incroyable légèreté ! Un champagne de prestige parfait pour un apéritif luxueux, l'été, sur une terrasse. Aérien et diaphane, dans le style de la maison ! La suite du repas ne pourra être qu'inoubliable.

CHAMPAGNE RAYMOND BOULARD – Cuvée Petraea
À la fois vineux et frais, délicatement boisé et noisetté, c'est une grande cuvée de petite maison familiale champenoise. À mettre en cave longtemps ou à consommer avec des cailles aux amandes grillées.

CHAMPAGNE TAITTINGER – Les Folies de la Marquetterie
Issu directement des parcelles qui couronnent la somptueuse bâtisse, ce nouveau champagne de la famille Taittinger présente des arômes de viennoiserie et de compote d'abricots. Ample en bouche et subtilement boisé, il se comportera merveilleusement avec un fromage comme le vacherin accompagné de pain aux noix et aux abricots.

CHAMPAGNE TARLANT – La Vigne d'Or
Pur et racé, c'est un champagne pour inconditionnels des nobles bulles, car il présente le pinot meunier seul, dans tous ses parfums. Riche et épicé, donc superbe sur une darne de thon façon cajun ou avec le navarin de Chrystine Brouillet.

CHAMPAGNE VEUVE CLICQUOT PONSARDIN – Brut
Qui n'a jamais entendu ce nom ? Cette célébrissime veuve s'étonnerait sûrement de constater que son patronyme est mondialement connu. Un champagne aux qualités constantes qui présente des arômes de fruits des bois et de raisin de Corinthe pouvant accompagner des cailles farcies, par exemple.

BIBLIOGRAPHIE

BEAUGÉ, Bénédict,
Champagne, images et imaginaire,
Éditions Hazan EDS, 1998.

BONAL, François,
Le livre d'or du champagne,
Lausanne,
Éditions du Grand Pont, 1984.

GLATRE, Éric et
Angélique DE LA CHAIZE,
Champagne, le plaisir partagé,
Paris, Éditions Hoëbeke, 2000.

PACZENSKY, Gert von,
Le grand livre du champagne,
Paris, Éditions Solar, 1988.

SUTCLIFFE, Serena,
Champagne, Paris,
Éditions Flammarion, 1989.

À PROPOS DES AUTEURS

Auteur prolifique, CHRYSTINE BROUILLET écrit pour tous les publics. Elle a remporté un grand nombre de récompenses et plusieurs de ses romans ont été portés à l'écran. On peut aussi l'entendre régulièrement à diverses antennes parler de littérature ou de gastronomie, ses deux passions.

GUÉNAËL REVEL a étudié l'histoire de l'art à Paris et la dégustation à Bordeaux avant d'immigrer au Canada, où il préside l'Association canadienne des sommeliers professionnels (ACSP). Il écrit dans des magazines et signe avec *Couleur champagne* son troisième ouvrage sur le vin et la gastronomie.

REMERCIEMENTS

Ce livre, né d'une passion commune, n'aurait pu être possible sans le soutien et la collaboration de nombreuses personnes.

Il nous fallait nous rendre en Champagne pour mieux connaître celles et ceux qui élaborent le vin de ce terroir et, grâce à la générosité de la compagnie Air France, nous avons pu nous envoler sereinement, un verre de champagne à la main! Un grand merci donc à Diane Audet et à Réjean Crête, de la compagnie aérienne Air France, qui ont cru en notre projet, ainsi qu'au personnel de bord qui nous a permis de comparer les différentes cuvées.

Au cours des pages précédentes, vous avez découvert la personnalité attachante des gens qui nous ont accueillis durant tout notre séjour. Parmi eux, nous tenons à remercier Christian Pol-Roger, Patrice Noyelle, Hubert de Billy et Laurent d'Harcourt de la maison Pol Roger, Philippe Wibrotte du Comité interprofessionnel du vin de Champagne, Philippe Manfredini de la maison Gosset, Carol Duval-Leroy, Noémie Ravel d'Estienne, Michel Brismontier et Roger Bégault de la maison Duval-Leroy, Florence Laurent et Mary Magdalen Roche Whittington de la maison Louis Roederer, Jean-Hervé Chiquet de la maison Jacquesson, Marie-Clotilde Debieuvre-Patoz, Anne-Laure Domenichini et Guillaume Deglise de la maison Laurent-Perrier, Christophe Roques-Boizel et Gabriel Faÿ de la maison Boizel, Alexandra Rendall, Catherine Curie, Régis Camus et Thierry Roset des maisons Piper-Heidsieck et Charles Heidsieck, Charles Philipponnat de la maison Philipponnat, Guy de Rivoire et Jean-Philippe Moulin de la maison Ruinart, Pascal Tingaud de la maison Moët & Chandon, Pierre Larmandier de la maison Larmandier-Bernier et Thierry Gasco de la maison Pommery.

Nous n'aurions pu aller à la rencontre de ces personnes magnifiques sans la collaboration régulière des agences commerciales qui représentent certains champagnes au Québec. Merci à Claude-Marie Bédard de l'Association québécoise des agences de vins, bières et spiritueux, qui a pu nous guider et nous soutenir. Un merci particulier à ces amoureux du vin qui nous ont fait confiance : Mario Evangelista, Jean-François Côté, Anne-Marie Chéné, Alain Roubat, François Le Brasseur, Pierre Fortier, Anne-Marie Phaneuf, Jacques Bélec, Erwan Pors, Jacques Balthasard, Michel Veilleux, Luc Provencher, Alyne Carmeline Russo, Carol Lafontaine, Mario Paradis, Hélène Hétu, Jean-François Fortin, Benoit Maurer, Charles Goyer, Mag J. Kassis, Éloi de Bellefeuille, Dominique-Ann Coffin, Paul J. Coffin, Christine Couture, Bernard Chevarie, Robert Hallé, Marie-Josée Karam, Yves Michaud, Marie-Claude Daveluy, Barbara Pagé, Jean-Pierre Blais, Daniel Renaud, Yves Morin, Paul-André Renaud, Pierre Thériault, Jean Parent, Samy Rabbat, Benoît Pelletier, Rémy Lévesque, Daniel Richard, Daniel Laurin, Marielle Fortin, Pino Panzera, Jocelyn Tremblay et Claude Rhéaume.

Nous n'avons pu visiter toutes les maisons de champagne malgré des correspondances chaleureuses avec leurs représentants avant notre départ. Nous avons heureusement pu garder contact et ainsi goûter à leurs champagnes, dont certains sont mentionnés dans ce livre. Nous viendrons certainement les déranger lors de notre prochain séjour champenois !

Merci aux amis des photos : Mahée Paiement, Michelle Labrèche-Larouche, Georges-Hébert Germain, Sylvain Côté et François Longpré, nos copains «touilleurs» qui nous ont accueillis chez eux, ainsi qu'à Raymond Thérien dont les fleurs ont contribué à cette fête couleur champagne.

TABLE DES MATIÈRES